星屑物語

ほしのディスコ

文藝春秋

H.7 年10月23日

はじめに

この本を手に取っていただき、ありがとうございます。皆さんには本当に感謝したいところなのですが、僕には皆さんに満足してもらえるような文章を書く自信がなく、今まさにこの文章を書いているときも、文字を書いては消し、書いては消しを永遠に繰り返しています。

この『星屑物語』は、マセキ芸能社のマセキライブサークルという会員制のサイトで細々と書かせてもらっていたエッセイに書き下ろしを加えたもので、本にできるほどの内容があるのか不安しかありません。死に物狂いで頑張って良い文章を書くのと、返金対応のお金を用意するのだったらどっちが楽なんだろう……などと自然と脳が考えてしまうほど、ネガティブなのが「僕」です。

ですが一応、自分もお笑い芸人という肩書きを名乗らせていただいている身です。芸人「ほしのディスコ」のときは、普段よりも明るく取り繕《つくろ》っているつもりです。それでも他の芸人に比べたら格段に暗いとは思いますが……。

本当の自分、「星野一成《かずなり》」のときは、この世の全ての負を集めて作られた肉塊のような、常にマイナス思考で、毎日毎秒自己嫌悪に陥っている人間なのです。そんな自分を誰かに見せることも恥ずかしくてできない小心者なので、基本家から一歩出たら素の状態、純度百パーセントの「星野一成」は誰にも見せないようにしています。親友や家族にも。二〇二二年に歌手として活動を始める際に「星野一成」の名前を使っていますが、歌のときは本来の自分とは全くの別人のような立ち振る舞いをしています。

この本では、本当の「星野一成」の部分を綴《つづ》っています。とにかく暗い話が多く、読むのがしんどいかもしれないです。僕も書くのしんどかったです。そんな僕のいろんな過去をおおっぴらにするのが、この本、『星屑物語』です。

『星屑物語』というタイトルは、スターにはなれないけれど、小さな光を灯《とも》すような人生にしたいという理由で付けました……というのは出版社さんが考えた素敵な理由で、僕は「星野」の「クズ」みたいなしょうもない話を書きたいと思って、このタイトルにしました。出版社さんの理由のほうがすごく良いので、そっちにしたいと思います。

僕としてもいつか自分の本を出すことが夢だったので、皆さんが元を取れるように精一杯書かせていただきました。「こんなおかしな奴もいるんだから、自分もまだ頑張れるな」と、少しでも思ってもらえたら嬉しいです。皆さんの踏み台になりたい。

どうか最後のページまで、よろしくお願いいたします。

目次

装画　楓真知子
装丁　大久保明子

第一章　人生のアディショナルタイム

名前

平成元年十月二十三日、星野一成は、群馬県の桐生市《きりゅう》という場所で生まれた。あの群馬の大女優、篠原涼子さんと同じ地域である。恋《いと》しさと光栄さと申し訳なさと。

僕が二歳の頃、親の離婚が決まり、母の実家のある群馬県利根郡白沢村《しらさわ》（現・沼田市白沢町）に母と赤ん坊の僕の二人で戻ることになった。母は僕が生まれる前から看護師一筋で働いていたので、夜勤で家にいられないときは、母方のおじいちゃんとおばあちゃんが僕の面倒を見てくれた。

泣くことと眠ることがメインの仕事だった赤ん坊の僕も星野家の人々の真っ直ぐな愛を受けてすくすくと成長し、真面目で純粋な小学生になった。学校で漢字の学習が始まると、一成少年は自分の名前の由来が気になってきた。

「僕の名前って、なんで一成なの？」

母は答えた。

「それはね、一成が、『一』番に『成』れますように、っていう願いが込められているんだよ」

その回答を聞いた日から僕の人生は、

「大小問わずこの世の全ての優劣が付くものに対して一番に成らなければいけない」

という、十字架を背負って生活していくこととなった。この十字架は平凡な能力しか備わっていない一成少年には酷《こく》過ぎた。

学校のテスト、運動会の徒競走、給食の早食い、毎朝テレビから流れてくるニュース番組の星座占い……。

努力すればなんとかなるものもあれば、物理的に一番に成るのは不可能なものまで、順位が付くものは無数にあった。

結局一成少年は、全く一番には成れなかった。名前負け。そんな情けない自分を憎み、自分を責めた。

母は、僕や家族のために仕事も家事も頑張っていた。その疲れで、やるべきことを終えると大抵すぐに寝てしまうので、母と長い時間を一緒に過ごす機会がほとんどなかった。それが、とても寂しかった。

でも、僕が何か善《よ》い行いをすると、母はいつも褒《ほ》めてくれた。褒めてもらえることが本当に嬉しかった。母に褒めてもらいたくて、どうにかして一番に成りたかった。

しかし、叶わぬ願いだった。


僕が九歳になった頃、離婚した父と再会する機会があった。初めて父と会話をした。そのときに話の流れで僕の名前の由来の話になった。

父は言った。

「一成の『一』は、お父さんの『一夫』という名前から付けたんだよ」

それを聞いた瞬間、今までずっと両肩にのっていた何億トンという重りが、すっと外れる音がした。


僕は、一番に成らなくてもいいんだ。


その後、SMAPの「世界に一つだけの花」という素晴らしい名曲に出会った。

「No.1にならなくてもいい　もともと特別なOnly one」

この神の御告げのようなありがたい言葉を胸に、僕はナンバーワンを目指さず、オンリーワンになろうと決意した。

その瞬間から、順位というものから逃避し、努力を惜しむことを正当化する堕落《だらく》した人生が始まったのである。自分はオンリーワンなんだという魔法の言葉が自分に楽をさせてくれる……。

あの純粋無垢《むく》だった少年は今、この本の原稿も締め切りギリギリにならないと手が付けられないようなダメ人間になってしまった。

次は、こんなだらしない自分を肯定してくれる曲を探そうと思います。

祖父母

僕は母子家庭で、母・祖父・祖母と僕の四人暮らしだった。看護師の母は家にいない時間が長く、おじいちゃんとおばあちゃんと過ごすことが多かった。

おじいちゃんは肺の持病があり、呼吸をするのも苦しそうだったからその影響もあったとは思うが、とても寡黙《かもく》な人でいつも僕を優しく見守ってくれた。それでも僕がテーブルの上に乗って遊んだり、家の前にある塀の上を渡り歩くなど悪いことをすると、ちゃんと叱ってくれる理想的なおじいちゃんだ。基本何かの上に乗ると怒られるシステムになっていた。

ただ、真面目過ぎるところもあった。おじいちゃんが病院に行く日は、毎回朝四時前には目覚め、素早く身支度をして、車で病院まで送ってくれる母が寝坊しないよう出発の二時間前の六時には母を叩き起こしていた。〝用心の極み〟だったおじいちゃんにブチ切れる母の声で、すやすや寝ている僕も早朝に目覚めてしまうという二次災害が日常的に発生していた。

そんな夫を持つおばあちゃんは、おじいちゃんの一生分の会話量のほとんどを吸い取ったのかと思うくらいおしゃべりが大好きで、いつも元気で明るい人だ。僕も見習いたいくらいものすごく社交的で、初対面の人にも晩御飯時のヨネスケさんばりに自分から突撃していき、あっという間に義兄弟の契《ちぎ》りを交わしたかのような関係になれる。友達を百人作るという、誰もが憧れる一年生になったら達成したい目標を毎日実現できるほどの才能を持っている（ただ、人口三千人くらいのド田舎に住んでいるので、出会う数が圧倒的に足りず、その才能を持て余している）。

陰と陽のような祖父母に、僕は過保護に育てられた。おじいちゃんとはあまり会話をしないし、自分からも話し掛けたりしないけど、将棋をやったり、一緒にテレビで相撲を見たりした。あと、競輪も好きでよく見ていたが、車券を買うことはなく、普段自転車にも一切乗らないので、なぜ見ているのかとても謎だった。

しゃべらなくても一緒にいるだけで安心するということを、おじいちゃんが教えてくれた。

おばあちゃんは、すごくアクティブでいろんなところに一緒に出掛けた。秋になると、家の近くの田畑で跳ね回っているイナゴを一緒に捕まえて佃煮にして食べた。イナゴは食べるモノとしておばあちゃんに教えられていたので、テレビの罰ゲームでイナゴを食べさせられるのを見ると「全然罰ゲームじゃないじゃん」と思っていた。小学校高学年のときには、おばあちゃんが働いていた工場の慰安旅行にも参加して、おばあちゃんと一緒に大阪へ行き、できたばかりのユニバーサル・スタジオ・ジャパンで遊んだり、なんばグランド花月に行って、生まれて初めて生のお笑いに触れた。

おじいちゃんもおばあちゃんも本当に大好きだった。


そんな、おじいちゃんおばあちゃん子な一成少年も中学生になり、今ではキレなさ過ぎてキレ方がわからなくなってしまった僕にも、反抗期が訪れた。

しかし、母には反抗はしなかった。僕には親が母しかいないという気持ちも加わって、母は何よりも大切であり、絶対に嫌われたくなかった。

そのせいで、反抗期の負のエネルギーはおじいちゃんとおばあちゃんに全て向いてしまった。僕が学校に遅刻しないよう、朝わざわざ起こしに来てくれるおじいちゃんを煙たがってしまった。おばあちゃんの言動全てにイライラするようになった。

「こんなマズい料理、初めて食べた」とか「うるせぇジジイ！」などと、二人に対して何度もひどい言葉を投げつけた。

なんであんなことをしてしまったんだろう。今思い出しても、すごく申し訳ない気持ちで押し潰されそうになる。普段全く喋らないし、声もすごく小さくて空気清浄機くらい静かなおじいちゃんに「うるせぇジジイ！」だなんて……。

家庭内暴君だった僕の反抗期は、中学卒業と同時に終わった。高校生になると家でも一人でいる時間が増え、おじいちゃんおばあちゃんと一緒にいる時間も徐々に少なくなっていった。

そのまま高校を卒業し、僕は十九歳のときに上京した。

それからは年に一回会うか会わないか。会えば話すが、子供の頃のようなおじいちゃんおばあちゃん子のような接し方はできなくなっていた。

それでも、おじいちゃんとおばあちゃんは最初から何も変わらない。いつまでもずっと僕のことを気にかけてくれていた。


おじいちゃんの病状が悪くなって入院したとき、東京から戻り病院にお見舞いに行くと、おじいちゃんは起き上がるのもつらいはずなのに、「これ飲め」「これ食べろ」と、僕に勧めて気遣ってくれた。話すのも大変なのにたくさん話してくれた。

その献身的な優しさに、ちゃんと気づけていなかった自分を悔やむ。

約十年前、おじいちゃんは亡くなってしまった。その日は僕の誕生日だった。僕の生まれた日に天国に行くなんて。人生で一番悲しかった。

数年前、霊視のできる有名な霊媒師さんにお会いする機会があり、おじいちゃんのことを聞いてみた。

　すると、「おじいちゃんは生前、あなたのことを上京してからもずっと心配していたようだ。だからあなたの誕生日に亡くなったのかもしれない」とその霊媒師の方は言った。そのとき、ものすごく怖い心霊スポットにいて、ずっと怖くて泣きそうだったのに、少しだけ温かい気持ちになれた気がした。

　ほんとに気がしただけだった。その後すぐ、怖くて泣いた。頑張ってロケしたのに、本当に怖いモノが撮れてしまって、そのロケは放送されなかった……。

　もっとおじいちゃんに優しくすればよかった。もっと自分から話し掛ければよかった。もっと、もっと、もっと。


　子供の頃、おじいちゃんとおばあちゃんと毎週のように「ＮＨＫのど自慢」を見ていた。だから、二人に自分が「のど自慢」に出ているところを見てほしいと思った。十九歳と二十歳のときに、「のど自慢」の予選に挑戦した。合格したら家族が応援に来てくれるかもしれないから、群馬の会場でエントリーしてみた。

　結果はどちらもダメで、出演することはできなかった。もう学生ではないのに学ランを着て、EXILEの「道」を歌うというよくわからないコンセプトがいけなかったのだろうか……。

今、偶然が重なって、テレビで歌の仕事もできるようになった。こんな日が来るとは思っていなかったが、できればおじいちゃんにも僕が歌っているところをテレビで見てもらいたかった。

おばあちゃんはというと、今も変わらず元気に暮らしている。それはいいことなのだが、元気過ぎたのか、七十近い年齢で、家族に内緒で嫁いでいた。母親も驚愕《きょうがく》だったらしい。七十の祖母が上に行くのではなく、横に嫁いで行くことがあるのか。

人生は何があるかわからない。おばあちゃんからも素敵なことを学んだ。

そんなおばあちゃんも今では八十に近くなってきているが、最近スマホを持つようになって、ＬＩＮＥを使いこなし、スマホからYouTubeを開いて僕の歌の動画を見てくれているらしい。恐るべしアラエイ（ティー）。

おばあちゃんにはずっと長生きしてほしい。おじいちゃんもそれを望んでいると思う。嫁いだけど。

おじいちゃんは、きっと今も、早起きをしているんだろうな。僕の歌をアラーム音にしてくれてたらいいいな。

そんな二人の孫の僕は、今日も昼過ぎに目を覚ます。

ロックマン

ここまで読んでくれた人は何となく僕のネガティブ具合を感じとってくれたのではないかと思います。

新しい靴を買っても、履《は》いたら汚れてしまうかもしれないから、履けずにずっと箱の中で眠らせてしまう。臆病で、悲しい結末しか考えられなくて、とはいえ、そうならないように何か対策をする訳でもない。

ただ遠くから靴を見つめながらうずくまっている男。

そんな、いくつになっても薄暗い部屋で一人体育座りが似合う男の僕が形成された、大きなきっかけのような話をしたいと思います。

ただ、まあまあ闇が深い話なので、明るいレゲエをBGMにかけ、リズムに乗りながら読むと良いかもしれません。

小学生のとき、僕は、絶望した。

生まれたときにはもう絶望の中にいたのかもしれない。それに気づいたのが小学生だっただけだ。

その絶望の理由については、第二章に書いたので、あとで読んでもらえたらと思います。もう自分は生きていてもつらいだけだと思った。自分はこの先、一生つらいんだ。誰かが助けてくれるものでもないし、自分で解決できるものでもない。小学生ながらにその事実がわかってしまった。

負の感情が押し寄せて来て、自分の部屋に一人閉じこもり布団に包《くる》まって泣いた。泣いて何かが変わる訳でもないことはわかっているのに、涙が止まらなかった。ただひたすらに悲しみに暮れた。誰にも相談できず、決定している何も見えない灰色の未来を憂《うれ》いて、太陽が落ちていくようにゆっくりと堕《お》ちるところまで堕ちた。

「自分は何故生まれてきてしまったのだろう」

そんなことを毎日ずっと考えていた。

最終的に行き着いた場所は、死、だった。

テレビで流れる暗いニュース、サスペンスドラマの中で死体として発見される登場人物。

それを見ては、自分にとって死はとても身近なものだと感じた。

終わっている人生は、早く終わらせたほうがいいのかもしれないと思った。

でも、終わらせることはできなかった。

結局死ぬのが怖くて、何一つ行動を起こせなかった。

僕はとても臆病な人間だった。まず、痛みにとても弱かった。

虫歯治療の麻酔ですら、治療の前日から心の準備が必要で、当日急に麻酔をすると言われたらどんなに優しい口調で言われようとも断固拒否していた。

そんなアドリブNGボーイにとって、死に対しての心の準備はどのくらい必要なのだろう。おそらく、心の準備だけで普通に一生を終えることになりそうだ。

死ねなかったのもあるが、家族が悲しむことはしたくなかった。

お母さんとおじいちゃんとおばあちゃんの前では、いつも明るく振る舞っていた。つらいことがあっても家族には相談しなかったし、変な心配をさせたくなかった。家族がいたから僕は生きてこられた。でも、歯医者の痛みについては、サッカーでファウルがあったとき、痛がる選手のオーバーリアクション並みの演技を家族に見せ、ドン引きというレッドカードをよくもらっていた。


最終的に、死ぬことができなかった一成少年は、一つの結論を出した。

自分は一度死んだことにしよう。

自分は一度死んだ。

そして、生き返った。

そういう設定にしようと思った。

自分は一度人生が終わった。でも奇跡的に生き返った。一度終わってしまった人生なのだから、この先の人生を進められるというだけで、全てプラスになる。この先がどんなにきつくても、いくら悲しくても、こう考えれば諦めることができる。

今こうして生きているのは、人生のアディショナルタイムなのだから。


この設定は、初めて買ってもらったゲームソフトで、当時遊んでいたスーパーファミコンのロックマンから思いついた。

ゲームの途中で何度も死んで、全然先に進めなくなって諦めようとした後に、ラスト一回だけやってやめようと決めた。どうせ今回も無理だと思いながら、軽い気持ちでやってみたら意外と上手くいってクリアできた。

それと同じシステムを採用した。ラスト一回。一度終わっているんだからどうなってもいい。自分のやりたいことをやる。どうせなら、少しでも意味のある何かをしよう。家族や、誰かのために生きよう。そう誓った。

ものすごいネガティブから生まれるポジティブ。ロックマンに命を拾ってもらった。それとも、命を捨てさせてもらったのか。どちらにせよ、ロックマンに救われた。カプコンさん、ありがとうございます。

今思うと、小学生で自分を一回死んだことにするというのは、我ながらすごい思想だなと思った。こんな独自の悟りを開いた小学生は、一歩道を踏み外したら将来、危ない思想の宗教団体を立ち上げていたかもしれない。

でも、同時期にお笑いに出会い、無事お笑い芸人になれたので本当によかった。お笑いに感謝。「笑う犬の冒険」、最高。


そして今でもこの設定を守っている。自分をリラックスさせるおまじないだ。

しかし、人生どうなってもいいとか言っておきながら、欲が出たり、ずる賢くなったり、まだまだすごく落ち込んだりもする。道を外れるような行ききった人生を送ることも全くできない自分は、やっぱり臆病者なんだなとつくづく思う。

それでも、あのときの絶望が今の自分にとって、とてつもない支えになっている。あのときの涙は必要だった。「涙の数だけ強くなれるよ」と岡本真夜さんも歌っていらっしゃる。いつかは誰かの支えにもなれるように頑張っていきたい。せっかく復活したんだから。

久しぶりにロックマンやってみようかな。

初めて買ってもらった「ロックマンX3」は、ラスボスのシグマが倒せなくて、未だにエンディングを見られていない。誰か助けて。

キリン

少年時代、夜が来るのがずっと怖かった。あの暗闇の中に自分が吸い込まれて、そこから二度と戻ってこられない気がしていた。

もちろん、心霊系のテレビや映画も、もれなく苦手だ。おばけが出るから夜中にトイレに行くのが怖くて、隣で眠る母を無理矢理起こしてついてきてもらっていた。

これは、人それぞれのルールがあると思っているのだが、僕の場合、二十一時台まではまだおばけは出ないことになっていた。だからその時間くらいまでは一人でトイレに行けた。

とはいえ、昼間のように行けるわけではない。そんなに広くない部屋と部屋を繋《つな》ぐ僅か三メートルほどの廊下を全速力で走ってトイレに行く。

それでも夜は夜なので、おばけは出てくるかもしれない。そんなときは、三十秒以内に明るい部屋に戻ってこられたらおばけは出ないという、御都合主義ルールを制定していた。

その謎すぎる独自ルールを守るため、一成少年は毎晩夜に駆けていた。YOASOBIさんに僕の「夜に駆ける」も曲にしていただけたら嬉しい。

二十二時になると少し危ない。夜型のおばけが眠りから目を覚まし、ちらほら出勤して来るかもしれない時間帯だ。おばけ出現率三十パーセント。

でもまだギリギリ一人でトイレに行ける。おばけにとっては時間帯も早く、寝起きのおばけのパワーは弱い。なので、部屋中の電気を点《つ》けておばけに「あれ、まだ昼間じゃん」と錯覚させることにより、出現を食い止めなんとか乗り越えた。

時間が経つにつれ出現率は上昇。そして二十四時には、おばけ出現率九十九パーセント。二十四時以降は、一人でトイレに行くとほぼ間違いなく、おばけに遭遇してしまうおばけ確変タイムとなっている（奇跡的にまだ一度も遭遇したことがないので百パーセントではない）。

こんな感じのおばけのタイムスケジュールだったので、必ず二十四時までにトイレに行くように心掛けた。夜中に目が覚めてトイレに行きたくなってしまった場合は、朝五時のおばけの退勤時間まで、歯を食いしばってでも我慢した。

一度その我慢が原因で、膀胱炎《ぼうこうえん》になった。

でもきっと、あのときの我慢強さが、今の自分に役立っているに違いない。と、思いたい。

そんなか弱い一成少年は、母と小学六年まで一緒の布団で寝ていた。引かないでください。

しかし母は、看護師の仕事で夜勤も多く一緒に寝られる日は多くなかった。母が夜勤でいない夜は、母親の代わりとしてキリンのぬいぐるみを抱いて寝た。

このキリンのぬいぐるみは、自分が生まれて三ヶ月経った頃におばあちゃんが買ってくれたものらしい。

当時の自分の体よりも大きい、黄色のフサフサの物体を一目見た瞬間、僕はキリンが好きになった。このぬいぐるみを見れば泣き止むし、歩行ができるようになると、キリンの耳を引っ張ってひたすらキリンを連れ回す「サイコパス徘徊《はいかい》」をしていたようだ。

そんなことを連日続けているせいで、キリンの体はどんどん故障していった。

でもどんなに故障してもこのキリンが大好きだった。耳が千切《ちぎ》れたらおばあちゃんに縫《ぬ》ってもらい、全身が汚れてきておじいちゃんが勝手に捨てようとしたら泣き喚《わめ》き、絶対にキリンを離さなかった。

このキリンのどこがそんなにいいのか。それはわからない。何故かはわからないが、このキリンのぬいぐるみには心が落ち着く作用があった。

母が夜勤でいなくても、キリンがいれば暗くて怖い夜が過ぎるのをなんとか耐えられた。

深夜にトイレに行くことはキリンがいても不可能であったが。

悲しいことやつらいことがあったときは、自分の部屋でキリンに話し掛けて泣いた。キリンは何かを話してくれる訳ではないし、何もしてくれはしないけど、いつでも一緒にいてくれた。

人生に絶望したあの日も、キリンはずっと側《そば》にいてくれた。

生まれてすぐの頃から一緒だから、小学生の頃にはもう体の至る所の毛が抜けて、体内の綿が見えてしまっていた。繕いすぎて野球ボールの縫い目のような跡ができてしまった顔は、僕が悲しいときは泣き顔に見えて、僕が嬉しいときは笑顔に見えた。

その見た目の不十分なところが、人よりも足りない自分と重なって、自分を理解してくれる唯一の存在のような気がした。

何年経っても命が消えない、ずっと自分の味方でいてくれる存在がとても心強く、自分を保たせてくれていた。

中学生になり、周りの目が気になり出して、母と寝るのはやめて一人でちゃんと寝る訓練を始めた。その結果、徐々にキリン離れもしていった。一緒に寝ることはなくなったキリンは、部屋の棚の上からいつも見守ってくれていた。

芸人になるために上京するとき、母にこのキリンのぬいぐるみだけは捨てないでほしいと頼んだ。そのお願いを守ってくれていて、十年以上経った今も、実家に帰るとキリンに会える。

この先、どんなに高価な物を手に入れても、あのキリンのぬいぐるみが、僕の一番の宝物なのかもしれない。ずっと見守っていてくれたら嬉しいな。


上京して一人暮らしを始めてからは、ぬいぐるみに愛着を持つことは一切なかったのだが、二〇一六年辺りから、あるぬいぐるみに心を奪われてしまった。

それは、ポケットモンスターに出てくるフシギダネというキャラクターだ。

手足の短さ、つぶらな瞳、そしてあの、何緑と言うのが正しいのかよくわからない体の色に、今現在も虜《とりこ》になっている。

最近も、舞台でものすごくスベった日や、体が動かなくなるほど落ち込んだ日はフシギダネと一緒に寝ている。

そして、少年時代からグレードアップしたことがある。

ぬいぐるみと、会話ができるようになったのだ。以前は一方通行だった会話が、双方からメッセージを伝えられるようになった。

実際は自分が喋っているのだが、長年独り身であるという生活環境と特殊な訓練により、本当にフシギダネが喋っているように感じ取る能力が身についた。

コロナ禍の緊急事態宣言により外出ができなかった頃も、誰とも会えなくてもノーストレスで、フシギダネといつも通りの変わらない生活を送っていた。

もうぬいぐるみではない、家族だ。

今の僕は、無敵です。

引かないでください。

ちなみに、今現在も夜は苦手である。

さすがに三十代にもなって深夜にトイレに行けないことはないので安心してほしい。だが未だに、二十四時以降の、時計の長針が十二を指している時間にはトイレに滞在しないようにしている。特に、深夜二時と三時。この時刻でのおばけ出現率は百パーセントです。

皆さんも、お気をつけください。


なので、あの、本当に、心霊系のお仕事は苦手なので、番組のキャスティング担当の方、よろしくお願いします……本当に無理なんです……でもオファー来たら、やるけど……お願いします……。

歌

物心ついた頃から歌が好きだった。もしかすれば生まれる前から。僕がお腹にいた頃に、よく音楽を聴いていたと母が言っていた。両親共に音楽は好きで、別れた父は長渕剛さんの大ファンだった。

子供の頃に自分の体よりも大きなブラウン管のテレビで、教育テレビやアニメをよく見たが、番組の内容やキャラクター、うたのおねえさんの好みなどで見る番組を選定するのではなく、その番組から流れてくる歌の好みで選んでいた。そのせいか、見ていたアニメのストーリーはほとんど覚えていないのだが、主題歌だけは今でも大体歌える。

一人で家にいるとき、誰もいない夜道、お風呂など、一人の空間ができると歌いたくなってしまう。けれども、誰かに聴かれるのは恥ずかしい。

なので外で歌うときには、周囲に人がいないか細心の注意を払い、辺りを見回しながらまあまあな声量で歌う、「見つかったら即職質歌うたい」となる。幸いなことに、歌が原因で職質をされたことはまだないが、いつかその日が来るのだろう、と思いながら今も歌い続けている。


歌を歌う場所で一番好きなのは、車の中だった。

母と二人、毎週車で片道二時間くらいの所に出掛けることがあったので、車中で母が買ったCDを流しZARDやKiroroなど女性歌手の方の曲を母と一緒に歌いながら、いつも目的地に向かっていた。

歌を歌うことが大好きだった。

生まれたときから声が高く、幼い頃はよく女の子と間違えられたりもした。

今でも頻繁に、問い合わせの電話をした際に、オペレーターの方から、

「星野一成様……の、奥様でしょうか?」

と、言われてしまう。

そんな高い声がものすごくコンプレックスだった。


初めて自分でCDを買ったのは、小五のとき。Whiteberryの「夏祭り」だった。

カーステレオでCDを聴くだけでは飽き足らず、CDプレイヤーがどうしても欲しくなり、母に頼み込んだ。

「音楽を聴きながら勉強をすると、あり得ないほどに勉強の効率が上がる」という、勝手に自分で創り上げた何のエビデンスもない仮説を武器に、母に畳み掛けた。

その如何《いかが》わしいセールスの成果もあり、CDプレイヤーを買ってもらい、「夏祭り」のCDを、ディスクが熱で溶けてしまいそうなほど聴いて、声が嗄《か》れるほど歌った。

歌や音楽に触れていくにつれ、「将来は歌手になりたい」という気持ちが芽生えていった。

その後、お笑いに出会うが、どちらかというと、芸人より歌手になりたい気持ちが強かった。

だがしかし、一成少年の前に大きな壁が立ちはだかった。

テレビの中で歌っている人達は、皆、容姿がとても魅力的だった。特に、顔。歌手の顔面偏差値は、めちゃめちゃ高いと気がついた。中には、顔面偏差値があまり高くはない滑り止めの私立のような方もいらっしゃった。それでもその方々は、それをカバーできるような圧倒的パフォーマンス力や天才的歌唱力があり、全く問題なかった。

それを目の当たりにした、一成少年は思った。

「僕の場合は、世界一歌が上手くないと成立しない」

その当時、顔を隠したり、メディアに出ないで活動する人は、自分の知っている限りでは存在しなかった。

もっと早く、GReeeeNやマンウィズ（MAN WITH A MISSION）のような顔出しせず活動するアーティストの方達に出会えていたら、自分も音楽の道に行けたかもしれない、と大人になってから思った。

聖飢魔IIのデーモン閣下は知っていたが、自分の目指すイメージとは違ったので真似しようとは思わなかった。こんなこと言ったら蠟人形にされちゃうかもだけど。

そして、一成少年は歌手になる夢を諦め、お笑いの世界に進もうと決意する。

歌手の夢は諦めても、歌を歌うのはずっと好きだったのだが、もうすぐ小学校卒業という時期に、ある理由で歌うことが嫌いになる。それまであんなに好きだったのに、あることがきっかけで、自分の欠点が浮き彫りになってしまった。歌うことが好きであるが故に、自分の至らない部分が許せなかった。一人の時間があっても、あまり歌わなくなった。

それでも音楽はずっと好きだった。いろんなアーティストの音楽に触れていった。

中学では19（ジューク）にどハマりした。19はアコースティックギターで演奏する曲が多く、ギターに興味が湧いたが、ケンジさんの体を前後に激しく揺らしながら歌う独特な歌唱スタイルに心奪われ、ギターではなく体を前後に揺らす練習に時間は消えていった。

あのときやっておけば、今、必死に行っているギターの練習に苦しむことはなかったかもしれない……。

そして、高校生のときに、ある人との出会いがきっかけでまた歌が歌えるようになった。

やっぱり自分は心の底から歌うことが好きだと思えた。歌が普通に歌えることが嬉しくて、カラオケによく行くようになった。同じ演劇部の同級生と毎週自転車で、地元に三、四店舗しかないカラオケ屋に通い詰めた。

高校では、EXILEにハマり、相手もいないのにラブソングばかり歌っていた。

そんなときに、EXILEのボーカルオーディションが開催されることになった。僕は迷わず応募しようと思った。もう芸人になると決めていたので、記念に受けてみようという感じではあったのだが、「本当に受かってしまったら芸人になる夢を諦めてEXILEにならざるを得ないな」と、自分を納得させた。

しかしながら、オーディション参加対象年齢の十八歳に一歳年齢が足りず、エントリーすらできなかった。

EXILEに入り、KAZUNARIとして生きる人生は絶たれた。

それから、お笑いの道へ。全力でお笑いを頑張った。

そして、今現在。テレビで歌っている。

芸人なのに、テレビでネタをやるよりも、歌を歌うことのほうが多い。

いやもう、ほぼ歌でしかテレビに出ていない。

そんな今の状況に対して僕の率直な気持ちは、「幸せ」である。幼い頃にやりたかった職業を、今両方できているような気持ちになれている。

これからどうなっていくのかは自分でもわからない。だから、今の自分が一番やりたいことを優先させるのがベストだと思っている。

今自分がやりたいこと。

ギターの練習がしたい。

お笑いもちゃんと頑張ります。

写真

写真を撮られるのが苦手だ。小さいときからずっと。自分に対しての劣等感が強く、こんな醜《みにく》い自分を残したくないといつも思う。自分が写っている写真を、自分で見るのも誰かに見られるのも嫌だ。

旅行に行っても、自分から写真を撮りたいとは思わない。でも母が撮ってくれるときは「嫌だ」と言いにくく、黙って撮られていた。

今も、わずかに自分の昔の写真が実家に残っているが、良い表情で撮れている写真は一枚もない。

中学時代が、写真嫌いのピークだった。

中二のときに、学校で東京旅行に行ったとき、班に分かれて行動し、その班ごとにいろんな写真を撮ってくるというミッションを課せられた。浅草寺に行ってお参りしている写真や、有名な観光スポットで班のみんなで写真を撮ったりしたが、自分はほんの少しでも写真に写りたくなくて、全て撮影係に回った。

それでも、同じ班の人が、僕だけ一枚も写真に写っていないのは後で先生に怒られると思ったのだろう、帰りのバスで一枚だけ僕の写真を無理矢理撮った。いきなりカメラを向けられたので、僕も反射的にもがくような体勢になり、報道記者に突撃された容疑者のような写真が撮れた。


普段のプライベートの写真であれば断ったり、逃げたりできる。

しかしながら、この世には避けて通れない写真もある。

それが、証明写真だ。

生徒手帳、履歴書、免許証、マイナンバーカード……。

証明写真は、自分を証明するために、なくてはならないものだ。

どうしても必要なときは、駅の近くによく設置されているスピード写真のボックスを利用する。試着室のようなカーテンを開けると中は狭い空洞のようになっていて、真ん中には小さなイスが一つ。それに腰掛けて前を向くと、目の前には液晶画面が見える。

まるで、ロボットのコックピットを思わせる狭いボックスの中で、エヴァンゲリオンのパイロットのように「逃げちゃダメだ逃げちゃダメだ逃げちゃダメだ」と心で唱えながら自分の間抜けな顔写真を撮影する。

高校時代、自分のパスポートの写真を同じクラスの人がすごく見たがって、しつこかったので見せたら、腹を抱えて笑っていた。

そのときの記憶が、今でも鮮明に脳裏に焼き付いている。

女子たちがこぞって撮っていたプリクラも良さが全くわからなかった。一回七百円とかするのに何故あんなに撮りたがるのか……と思っていたが、上京して彼女ができたときに初めてプリクラを撮ったら、意外と良かった。彼女とだったら撮りたいと思った。

そんな写真嫌いな男が今、写真を撮られることの多い職業をやっている。現在ももちろん写真は苦手だが、ずっと続けていれば慣れるものだ。今は昔ほど写真を撮られることに抵抗はない。写真撮影に慣れたのも、お笑い芸人になったおかげだ。お笑い芸人という職業には、本当に助けられていると思う。

今、自分は芸人だから、自分の写真を見て笑う人がいても、何とも思わずにいられる。むしろ笑ってもらえることが嬉しいと思える。

お笑いが、僕の人生の全てを救ってくれた。

悪戦苦闘していた証明写真も、最近は遊び心さえ芽生えてきた。

免許証の更新のとき、証明写真向きのちゃんとした服がなかったので、コントでケンジ君を演じるときに着ている水色のYシャツを着て撮影した。手渡された新しい免許は、星野一成ではなく、ケンジ君の免許だった。

それでもまだ写真を撮られるのが下手である。

未だにポーズは、ピースか両手をパーにするだけのバリエーションしかない。

僕とのツーショット写真を求めてくれるファンの方には、いつも同じような写真しか撮れなくて申し訳ない気持ちでいっぱいです。最近では、ファンの方にポーズを考えてもらったりもしているのだが、アイドルでないと成立しないような恥ずかしいポーズが多くなってきていて、精神的に追い込まれながら写真を撮っています。

一方で、テレビの収録などでお会いした方と一緒に記念写真を撮りたいという気持ちも、実はすごくあるのだが、どんなに親しくなった人でも、自分から写真をお願いできないので、結局撮れないことが多い。

これに関しては、ただ単に意気地なしなだけなので、もっと頑張りたい。まずは、人に話し掛ける練習からしないと。盗撮は絶対にしないのでご安心ください。

スマホが年々進化していって、どんどんカメラの画質がよくなっていく。でも僕は何も嬉しくない。逆に画質がより鮮明になっていけば、見たくないものまで見えてしまうので、困ってしまう。

自分のスマホのカメラだけは、白黒のドット絵くらいの画質でいいので、それと引き換えにバッテリーを長くしていただけないでしょうか？

券売機

一人でいるとき、店員さんに声を掛けることができない。

声を発することにとても抵抗がある。店内にいる他のお客さんに自分の声を聞かれるのが恥ずかしい。

僕の声を聞いて、数名は必ずこちらを見てくる。

その人達は僕を見て、

「こいつ、こんな見た目でこんな声なんだ」

と思ったに違いない。たしかに男性なのに声が高過ぎる。この現象は小さいときからずっとだった。

とくに子供の頃は、誰かに自分を見られるというのが本当につらくて、怖かった。

家から外に出るといつも誰かに見られている気持ちになってしまい、自分の姿を消すことを常に考えていた。僕に興味を持つほど人はそんなに暇ではないと今ならわかるのだが、幼少期の頃に芽生えてしまった羞恥心《しゅうちしん》はとても強力だった。

これにより「人前では不必要な言葉は喋らないようにする」ということが、子供の頃から習慣づけられていた。

それでも、どうしても店員さんとやり取りをしなければ先へ進めない場面がある。

そんなときは、店員さんとの距離感、店員さんの視野角、他客の挙動などを確認し、満に満を重ね、満を突き詰めた先にある、最強の満を持して、勇気を振り絞り店員さんに向けて声を発する。

しかしその声は緊張と恥じらいにより、若者にしか聞き取れないモスキート音よりもさらに難易度の高い周波数で、声量も蚊の飛ぶ音と同じくらい微《かす》かな声になってしまう。

そんなシャボン玉よりも強度の弱い声は、店員さんに届く前に空中で消滅してしまう。

自分の伝えたいことが店員さんに一度で伝わったことなど一度もない気がする。結局何度も声を掛けたり、僕が焦っているのを見かねた優しいお客さんが、店員さんに声を掛けてくれたりして、やっと気づいてもらえる。このときの優しいお客さんに対して男女問わず惚れてしまい、その後その人が店を出るまでちらちら何度も見てしまう。もし自分が鶴だったらその人の家まで行ってはたを織りたい。

店員さんに声を掛けるシリーズで一番苦手なのが、飲食店で注文をするとき。

最近は店員さんに自分の席まで来てもらうことができる呼び出しボタンの普及が進んで

きているが、まだまだ導入していないお店は多い。

あんなに広い店内で、しかも注文を取るホール担当が一人でお店を回しているというのに、あの呼び出しボタンを置いてないストロングスタイルオーダーを行っているお店は至る所にある。

上京してすぐの頃に一度、この手のお店に巡り会ってしまい、自分の力では絶対に店員さんと会話することができないと感じ悩んだ末、注文の前にお店から脱走したことがあった。

一人きりで上京したばかりの頃、僕と一緒に食事をしてくれる人なんて誰もいなかった。

一人で食事に行き、声を張って店員さんを呼び止める自信が持てず、もう一生外食はできないのだろうかと悩んでいたある日。

券売機というものがあることに気づいた。

券売機があれば注文時に声を出すことも勇気を振り絞ることも必要ない。お金を入れて指一本分の労力で注文することができる。

そして、お店に入ってから出るまで一言も喋らずに過ごすことができる。

僕は涙を堪《こら》えながら急いで自転車を飛ばして最寄り駅まで向かった。駅前にある、黄色の看板の真ん中に三種の丸と店名が書かれたお店。

松屋さんありがとう。貴方は命の恩人です。

その日から券売機のあるお店なら一人でも行けるようになった。ただ、ラーメン屋さんは、たまにトッピングや、麺の量を口で伝えなくてはいけないお店があるので、一度お店に誰かと行って注文方法を確認してからでないと行けない。ラーメン二郎は、注文方法はわかるけど、あの体育会系な感じの接客にビビってしまい体調がとても優れているときでないと行けない……。

上京して十四年。

一人で外食をする経験を少しずつ増やしていき、なんとか一人で行けるお店も徐々に増えてきた。何度も訓練を重ねたので、CoCo壱番屋さんならいつでも一人で行けます。いつかココイチさんが目の前にあるマンションに住みたい。

一人で食べに行けるお店も少しずつ増えてはきたのだが。

できれば、すべての飲食店で券売機かタッチパネルを導入してほしい。今のご時世的にもそのほうが感染予防対策になってとても素晴らしいのではないかと思います。いかがでしょうか？

もしも僕が政治家になったら、マニフェストに国内全店舗タッチパネル導入を掲げます。

でも、たまにタッチパネルの電源が入らなくて、結局店員さんに声を掛けなきゃいけないときってあるよね。

こうなったら、僕の代わりに注文をしてくれる人を雇うしかないのかもしれない。

カレーライス

好き過ぎる。

大好き。

愛してる。

カレーライスのことを。

そう言うとよく間違われるのだが、カレーパンは好きではない。カレーナンも好きではない。そのほかのカレー味の食べ物も。

あくまでも「カレーライス」が好きなのです。

でも、カレーうどんはちょっと好き（ほんとは結構好きだけど、食べると絶対服にカレーを飛ばすので、ちょっとに降格）。

カレーには絶対的にライス。それしか考えられない。

というか、もうどちらかというと、カレーよりもライスが好き。

ライスを食べるためにカレーというおかずを食べる感覚。

カレーライスを食べるとき必ず、だいぶ序盤、物語で言うと勇者が魔王を倒しにこれから村を出発しようとしている段階で、ライスが先になくなる。そして、ルーがいっぱい残る。普段あまりおかわりなどしないタイプなのに、カレーライスのときだけは、ライスのおかわり願望が生まれる。

とにかくライスが好き過ぎる。

ライスに合う一番の食べ物はカレーだ!!

あ、最終的にお米が好きというゴールになってしまった。

しかし今回は、カレーライスの話をしたいので、道を戻りましょう。


小さい頃から、カレーライスが大好きだった。

週に一度はお母さんやおばあちゃんがカレーを作ってくれた。お母さんはバーモントカレー派で、おばあちゃんはこくまろ派。どっちも好きだった。家のカレーは、にんじんやじゃがいもなどの野菜がすごく大きい。それがとてもよかった。

今でもカレーライスを食べると、家族と一緒に食べたカレーライスを思い出す。

それと同時に、子供の頃の記憶も甦るが、どれも悲しく、苦しい思い出ばかり。

どうして良い思い出ってすぐに出てこないんだろう。大切なものだから、丁寧に仕舞ってあるからなのかな。

「普通」に憧れて、逃げ道もなく絶望を感じていた学生時代。

それでも、どんなにつらいことがあっても、家族とカレーライスを食べて眠りにつけば、翌日にはまた頑張れた。

途中で道を外れずに済んだのも、カレーライスの存在が大きかったんじゃないかと思う。

カレーライスを食べて初心に帰り、向上を目指す。栄養価も高い。最高の料理。

カレーを誕生させてくれたインドの人。

カレーにライスを組み合わせてくれたイギリスの人。

美味しいカレーライスをつくってくれた日本の人。

そして、カレーライスを週一で食べさせてくれた家族。

本当にありがとうございます!!


今現在、週二ペースでカレーライスを食べています。

CoCo壱さん、いつもお世話になっております。ほうれん草とチーズをトッピングするのにハマっています。あと納豆もいいですねー。そして、福神漬けが美味《おい》しい。

唯一自分で作れる料理もカレー。

上京一年目の真夏のある日、カレーを鍋いっぱいに作り、ガス台の上に鍋を置いた状態で昼に出掛けて夜に帰宅すると、茶色だったカレーが真っ白になっていた。その日を境に自分でカレーライスを作ることは諦めた。

CoCo壱さん、今後もよろしくお願い致します!!

なかなか帰ることができていないが、実家に行くといつも母がカレーを作って待ってくれている。

やっぱり一番おいしいのはお母さんの作るカレーライスだ。

車

車酔いがすごい。車に乗っているときに、ほんの数秒でもスマホの画面を見たら気持ち悪くなってくる。最近は、仕事終わりにタクシーチケットで帰らせてもらえる日もあるのだが、タクシーはもれなく酔うので、電車が動いている時間であれば最寄りの駅までタクシーで行き、その駅から電車で帰ることもよくある（仕事が上手く行かず、もう立ち上がれないいくらいのメンタルの場合は無理してタクシーで帰ります）。

子供の頃は、よく酔い止めの薬を飲んでいた。

しかし、薬を飲んでも酔ってしまうほど弱かった。

酔い止めがないときには、「前方の遠い場所をずっと見るといい」とか「山とか木とかの自然を見ると酔わない」とか「カーブに合わせて自分の体を揺らす『東京フレンドパーク』の蕎麦屋の出前の動きをすると大丈夫」などの、母から伝授された効果が未知数な対処法を試していたが、対処できなかった。母はどこからこの情報を仕入れたのだろうか。

群馬は山が多く、曲がりくねった山道ばかり。母と車で出掛けたときには、車を路肩に止めて酔いが覚めるのを待つことも多かった。車の中では、本も読めないし、バッグの中から物を取り出すことも、後ろを向くことも何もできない。すごく嫌だった。

でも母との車中では、その何もできない時間が、普段忙しい母と歌を歌ったり話をしたりする大事な時間になったのでよかった気もする。


小学五年のある日、群馬の中では大都会、群馬の新宿ともいえる前橋にある病院に母と車で向かっていた。下道で行くと渋滞があった場合、診療時間に間に合わない可能性があるので、高速道路で向かっていた。

山と山を繋ぐ大きな橋に差し掛かったとき、僕は午前中まで学校で授業を受け早退して車に乗ったので、疲れていたのかシートを倒し眠りについていた。

突然、母の大きな声で意識が戻った。

目を開けるよりも先に、何があったのか確認するため起き上がろうとしたその瞬間。体の力がふっと抜けて宙に浮き、額に強い衝撃が走った。

一瞬の出来事過ぎて全く状況がわかっていなかったが、額の痛みで涙と泣き声が体から溢《あふ》れた。

母が運転していた車のタイヤの空気圧が少なくなっていたのがおそらくの原因で、運転中にハンドルを取られ、高速道路の本線橋の壁に激突してしまったのだった。車検などはしっかりしていたのに起こってしまった事故。不幸中の幸いで、そのとき後続車はなく、二次被害はなかった。

しばらくして後ろから来たトラックのお兄さんが異変に気づき車を停めて助けに来てくれ、警察と救急車を呼んでくれた。お兄さんマジ感謝。

母は軽い鞭打ち《むちう》程度で済み、一成少年は額を縫う傷を負ったが、まさに今向かっていた病院に救急車で行けたので、「普通より早く着いてよかった」と、後日笑って話せるくらいの怪我で済んだのは本当に運がよかった。

でも、もしも事故に遭ったとき、百キロものスピードで向かってくる後続車がいたら。

もしも、ぶつかった衝撃で壁が壊れ、高さ百メートル近くある橋の下に車ごと落ちてしまっていたら。

そんなことを考えているうちに、車というものが恐ろしくなった。

事故からしばらくは高速道路が使えなかった。

しかしながら、一人あたりの車の保有台数が全国一位である車社会の群馬で、高速道路を使わずに生きていくのは不可能であった。

しょうがなくシートベルトをいつもより強めに締め、シートにしがみ付きながら無理矢理乗っていたら、いつの間にか高速も普通に乗れるようになった。慣れってすごい。

十八歳になり、僕も車の免許を取得した。その結果、自分が運転しているときは車に酔わないとわかった。運転することの楽しさを知った。

高校卒業後、上京する費用を稼ぐために一年地元でフリーターをしていたときに、親の車を借りてバイト先まで行ったり、休みの日に一人で前橋や高崎まで下道で行って、特にどこかに寄る訳でもなくただ帰るという純粋なドライブをしていた。子供の頃に母とよく歌っていた歌を自分の運転で一人で歌えるようになったのは、とても感慨深かった。

だが、二〇二一年現在、もう七年以上運転していない。正直、どっちがアクセルでブレーキかもよく覚えていない。それでも、無事故無違反ゴールド免許。ただ乗っていないだけ。もう運転が再びできそうにない僕は、免許を返納したほうがいいのでしょうか？

先日番組でヒロミさんと東野幸治さんに、僕が乗ってたら面白いから「ポルシェを買ったほうがいい」と言われました。

ほしのディスコ改め、「ほしのポルシェ」になる日も近いかもしれません。

ポルシェを持ってる免許返納者。

かっこいいかもしれない。

誕生日

十月二十三日。

ナインティナイン矢部さんの誕生日でもあり、ジャニーズ事務所を創設されたジャニー喜多川さんの誕生日でもあり、サッカーの神様ペレの誕生日でもある。

そして、星野一成も同じ日に誕生した。


十月二十三日は、占いによって天秤座であったり、さそり座であったりする。天秤座のときのほうが多いので、自分は天秤座だと思っている。でも結局、両方の占い結果が気になるので、雑誌の占いページを読むのに人の倍時間が掛かってしまう。

子供の頃、誕生日が来ると誕生日プレゼントがもらえて嬉しかった。

我が家のプレゼントは、親に欲しいものを申告して買ってもらうシステムだったので、クリスマスと合わせて年に二回、プレゼントチャンスがあった。

十二月生まれの同級生から「誕生日とクリスマスが近いから合同開催にされてしまい、プレゼントを一つしかもらえない」というその家の悲しいルールを聞いて、自分は十月生まれで本当によかったと思ったものだ。

誕生日を嬉しいと思う感情は徐々に変わっていった。

中三のとき、同級生に誕生日のお祝いをしてもらっていたら、大きめの地震が来た。それが、新潟県中越地震だった。自分が生まれて初めて体験した大きな地震。新潟と群馬は隣だから、僕の地元の沼田市もすごく揺れた。

家に戻り、テレビをつけると、新潟の悲惨なニュースが目に入ってきた。こんなにも悲しんでいる人達がいるのに、自分は誕生日で浮かれていた。そんな自分がものすごく情けなく感じて、その日から誕生日は良い日だと思いづらくなった。

その数年後の誕生日に、おじいちゃんが亡くなった。

以降、誕生日になると、自分が年齢を重ねることよりも先に、自分の誕生日に旅立ったおじいちゃんのことが頭をよぎる。でも毎年おじいちゃんを想う日があるのは嬉しいことだ。

そして、思い出深い二十歳の誕生日。

僕は上京して一年目。誰とも馴染《なじ》めず、孤独だった。仲が良いと言えるかわからない関係性の人しかいなくて、自分の誕生日を一緒に祝ってほしいと誰にもお願いできなかった。人生初の一人ぼっちの誕生日。

当時、足立区の綾瀬駅の近くに住んでいて、荒川の土手によく行っていた。

北千住駅と綾瀬駅の間に橋があり、その下を荒川が流れていた。電車でその橋を渡るたびに、いつか近くに行ってみたいと思っていて、初めて行ったときから荒川の土手はお気に入りの場所になった。

東京は疲れる。人も多いし、いつでも忙《せわ》しない感じが苦手だった。

でも荒川の土手は、目の前を流れる川のように、時間も空間もゆっくりと進んでいる気がして、地元にいるかのような落ち着く場所だった。疲れたときや落ち込んだときによく行った。

その荒川の土手に、誕生日前日の十月二十二日、二十三時五十分頃、独り向かった。

夜の荒川の土手には、昼間にはあまりわからなかった哀愁みたいなものを感じた。街灯もほとんどないので辺りは真っ暗だった。

いつも座っているベンチに座った。

お金がなくギリギリの生活をしていた僕は、なけなしのお金で、コンビニで缶ビールとライターとタバコ一箱を買い、〇時になった瞬間にタバコに火をつけて時間が経って生温《なまぬる》くなったビールを飲んだ。

初めてのお酒とタバコ。ビールは不味《まず》いし、タバコは吸い方がわからず、すぐに火が消えてしまった。もしここに誰かがいたらビールは美味しくてタバコも上手く吸えていたのかな。

今の自分も人生も、何もかも上手くいっていない現状にものすごく悲しくなった。自分はこれから東京で頑張っていけるのか。先の見えない不安で泣きそうになった。あと少しで涙が出るというときに、自転車に乗ったパトロール中の警官が近づいてきているのに気がつき、職務質問される前に急いで土手を離れた。

ビールもタバコも思い出も全部苦かった。

後味の悪い二十歳の誕生日を過ごしてから、誕生日に一人でいるのは絶対やめようと心に決めた。一人になりそうなときは、バイトを無理矢理入れて、バイト先の人と一緒に過ごしたりした。

そして、自分ももう三十代になった。

今年はどうなるだろう。

お願いです、仕事入ってください。

歯医者

芸能人は歯が命。

まだ乳歯びっちりで歯の心配などない幼い頃に、テレビから流れてきた歯磨き粉のコマーシャル。

「芸能人なんてほとんどの人がならないし、自分には関係ない」と思っていた。のちに関係あることになるわけだが。

その思想のせいなのか。

歯磨きが苦手だった。というか舐《な》めていた。

苦手と言っても、朝出かける前や学校で給食を食べた後に歯を磨くことはできた。

問題は夜だ。

寝る前の歯磨きが全くできなかった。眠くなってしまうからとか、めんどくさいからとかの怠惰《たいだ》が理由ではない。

「おばけが怖いから」

その一択だった。

歯ブラシが置いてある洗面台までのわずかな道が、一成少年にとってはとてもおぞましく、近づくことすらできなかった。前に書いた深夜のトイレの話と全く同じ状況である。真っ暗でたまに水の滴《したた》る音も聞こえてくる闇の洗面台には、それに加え「鏡」という恐怖もあった。歯ブラシを取りに行く途中でふと鏡を見てしまったとき、もしも鏡に自分以外の何者かが映っていたりなどしたら……。

もう歯を一生磨かなくても済むところに行ってしまいそうな気がして、夜の洗面台に行くことが怖かった。それでも寝る直前にアイスを食べてしまい、これは虫歯が確定しそうと思ったときは、家族の誰かについてきてもらって歯を磨く日もあった。

夜に歯を磨かない絶大な効果により、虫歯がどんどんできてしまった。

虫歯の痛さを必死に隠そうとはするのだが、いつもと様子が違うので家族にバレてしまい、すぐに母の働いている病院の歯科に連行された。

そして最終的に、まだ見ぬおばけを怖がるあまり、それよりも怖くて痛い虫歯治療をしなければならないという本末転倒な、落語にありそうなマヌケなことを何度も繰り返していた。

虫歯治療はすごく嫌なことだとわかっているのに、それでも夜間の歯磨きはできなかった（今もおばけが一番怖いです）。

それから歳を重ね、少しずつ夜間でも昼間と同じ活動ができるようになり、夜の歯磨きも習得することができた。

やっと人並みに歯を磨けるようになってきたところで、僕は歯列矯正《しれつきょうせい》をすることになった。歯並びが悪かったことと、他にも理由があって絶対にやらなくてはいけなかった。

歯列矯正の歯科は母の勤めていた病院ではなく、車に乗り高速で一時間以上かけて行かなくてはならない場所にあった。母親が月に一度連れて行ってくれた。

歯列矯正をすることには、いろんな弊害があった。

歯にワイヤーを付けて引っ張り、少しずつ歯を動かしていくため、毎月どんどんきつくワイヤーを締めていく。

ワイヤーを締めた日は痛み止めを飲んでも歯に何かが少し触れるだけで激痛が走った。その痛みはうどんすら噛《か》めないほどで、ゼリーやヨーグルトをよく食べた。痛みがなくなった後もワイヤーが曲がってしまったらいけないので、せんべいのような堅いものやワイヤーに貼り付いてしまうガムなど自分の好物に限って食べることを禁止された。

唇や舌が歯に付いている矯正器具に当たりすぐ出血したり、口内炎ができてしまう。矯正器具やワイヤーに接触しないように喋らなければならなくなり、滑舌《かつぜつ》も悪くなる。地獄だった。

一番困ったのは、見た目の問題だった。

僕がしたのは、歯の表面一つ一つにワイヤーを締めるための金属をつけるタイプで、それを上下両方にしていた。全ての歯に金属がついているので、口を大きく開いたときの見た目のゴツさがすごかった。海外のお金持ちが歯にダイヤを付けたりするのとは全然違う。あれも僕にはあまり良さがわからないが。

歯列矯正は今ではメジャーになってきて多くの人がしているが、僕がしていた当時はまだ歯列矯正をしている人は少なく、物珍しいものだった。

そのため、初めて会う人には奇異の目で見られたり、からかわれたりすることもあった。それがきっかけで口を開くのが嫌になり、人見知りな性格で元々あまり話さないのにさらに会話をしなくなっていった。口を開けて笑うこともすごく苦痛だった。

矯正はなかなか終わらず、上京して吉本興業の養成所（ＮＳＣ）に通っているときもずっと続けていた。

今はもう芸人を辞めている同期達に、矯正をいじられたりもした。まだこの頃は自分のコンプレックスを笑いに昇華《しょうか》することはできずにいたので、つらいときもあった。

その当時、芸能人で歯列矯正をしている人をあまり見かけたことがなかった。

だから矯正をしていることが不安だった。

矯正をしたままではテレビには出られないのではないかと思った。

その後、養成所を卒業し、お笑い芸人としての活動が始まった。しかし、矯正のこともあってか、思うようなネタができないでいた。矯正に触れるのか、触れないのか。他にももっと問題点はあるはずなのに、気にしすぎていた。

すごく悩んで、悩みに悩んだ結果、まだ途中の状態で矯正を外すことを決めた。矯正をやめるために、矯正をずっと担当してくれている先生に全てを話した。そのとき初めて先生にお笑い芸人をしていることを伝えた。

すると、先生は、

「応援してるよ。テレビに出たら見るから、有名になってね」

と、言ってくれた。

先生は、芸人を目指すという夢を馬鹿にすることもなく、優しく背中を押してくれた。小学生の頃から先生に診てもらっていたので、最後の矯正の施術が終わったとき、これで先生と会わなくなると思ったら寂しさが込み上げてきた。

上京してからも毎月通っていた。群馬まで電車で二時間半かけて行き、診察前に歯磨きをしなくてはいけなくて、歯医者のトイレで磨くのは恥ずかしかったから、歯医者の近くにある公園で歯を磨き、冷たい水道の水で口をゆすいで歯医者に向かっていた。

冬場の公園は雪が積もるほど寒いし、水が冷た過ぎて本当につらかったのを覚えている。あの水は虫歯じゃない健康な歯でもしみる気がした。

そして僕は、矯正を外し、完全体になった。

これできっと、ドラゴンボールの悟空が体につけた重りを外したらものすごく強くなるみたいに、自分もとてつもなく面白くなると思っていた。

全く変わらなかった。

矯正が取れて若干滑舌が良くなった……くらいの変化だった。

あとは、口内炎ができなくなったことと、食べてはいけないものが食べられるようになっただけ。

芸人としての面白さに変化は一切なかった。むしろ矯正してたほうがインパクトはあったかもしれない……。


あれから十年以上が経った。

最近少しずつだがテレビにも出られるようになってきた。

先生は見てくれているのだろうか。

もしかしたら「ほしのディスコ」という芸名だから気づいていないかもしれない。

僕の顔を見るよりも僕の口の中を見てもらったほうが気づく可能性が高そうだ。

またいつかあの公園と歯医者に行ってみたい。

今、絶対虫歯できてるだろうなぁ。

風呂

今、いろんな空間の中で、「風呂場」が一番好きだ。

幼い頃からお風呂が好きだったが、一人で入るのは怖かったので、小学校高学年まではいつも母や家族と一緒に入っていた。何かの心霊番組で「水場は霊が出やすい」というのを見てしまったのがよくなかった。

とくに怖かったのが、シャンプーの時間だ。シャンプーをしている間は、目をぎゅっと閉じる。目の中に泡が入るのが嫌だった。

でも、それよりももっと嫌なのが、お察しの通り、

「目を閉じている間に、おばけが自分の目の前に現れて、目を開けた瞬間におばけに呪《のろ》われたらどうしよう」

という悩みだった。

そこで、

「目を閉じている時間が短ければ、おばけは間に合わなくて現れないはずだ」

と、一成少年お得意の、謎のご都合主義理論を作り出した。

それからというもの、シャンプーの時間は劇的に速くなった(ちなみに、今現在は、シャンプー中のおばけは怖くなくなったが、目は相変わらず開けられない)。

一人でお風呂に入れるようになってからは、入浴時間がものすごく長くなった。お風呂に入りながら歌を歌うことが好きになったからだ。

風呂場で歌うと声が反響して、いつもより上手く聞こえる。お風呂場で歌った後、自分の部屋で改めて歌うと、「あれ、なんか違うな」とよく感じていた。

温かい湯船の中、体は脱力した状態で通常よりも声量を落とし、できるだけ色気のある歌い方で、自分の歌声に酔いしれながら熱唱する歌手をイメージして歌うのがすごく楽しかった。一人だからできる遊びだった。家族には聞こえていたと思うが、家族に聞かれていても恥ずかしくなかった。

しかし、普段人前で歌うことは恥ずかしくてできなかった。カラオケに行こうにも田舎過ぎて家から遠すぎたし、田舎では少しでも目立つ行為をするとすぐ周りに広まるので、一人でカラオケに行く勇気も出なかった。かと言って誰もいない山の中で歌うのは、自然に棲《す》む獣達を怒らせてしまいそうでできなかった。

滅多に聞かない町内放送が流れたと思ったら、だいたい熊の出没情報だった。

だから結局、風呂場が唯一の歌の練習場所だった。

最初はビブラートなんて全くできなかった。

練習しようにも何から始めたらいいかわからないし、当時はまだネットも使えなかったので調べようもなく、手詰まり状態だった。

それでも見よう見まねで、風呂場で練習を始めた。

19のケンジさんみたいな声を揺らす幅が短いビブラートに憧れて真似してやってみたけれど、全然できなかった。やってみて改めてすごく難しい技術であることを知る。逆にすごくゆったりしたビブラートをする森山直太朗さんは、音楽番組で顎《あご》を動かして出していると言っていたので試しにやってみた。顎が外れかけた。断念。夏の終わりに顎の終わり。

どの声の出し方が正しいのかわからない。だからいろいろ試すしかない。毎日毎日失敗と、たまにある僅かな成功を重ねた。

すると徐々にビブラートの芽みたいなものが生え始めた。少しの進歩でもすごく嬉しかった。

自分の力で道を切り開くことの楽しさを知った。

そんな地道な一喜一憂をくり返して今日この日までやってきた。

でも、ふと思う。

もしボイトレに行っていたら、こんなに苦労しなくてもすぐに習得できることなのかもなぁ。憂鬱《ゆううつ》。

芸人を始めてからは、歌だけでなく、ネタもお風呂で考えるようになった。良いアイデアが出てくるまで湯船から出ないと決めてお風呂に飛び込んだ。

当然のようにのぼせてしまい、アイデアではない違うものを口から出してしまうこともあった。それでもくじけることなく、その後は体に良いとされる半身浴を覚え、防水加工のされたスマホが誕生し、アイデアが出てくるまで何時間でも入り続けられる環境が完成した。

今では、最長六時間近く入ってしまうことがある。そこまでいくとおそらく、もう体には良くなさそう。六時間も入ると指だけでなく体中の皮膚がふやけている感覚がある。いや、あれはもう「ふやける」を超えた、「溶ける」になっている気がする。

温泉も好きでよく行っていたのだが、最近は顔バレしてしまうことが増え、恥ずかしくてあまり行けなくなってしまった。

普段はマスクで顔を隠すことができるが、入浴のときにもマスクをつけている人はさすがにこのご時世でもいない。

なので、オフィシャルの入浴時専用マスクをどこかの企業さんが作ってくださるのを心待ちにしております。温泉マスクマンの先駆者になる準備はできています。よろしくお願いします。

あと、Appleさん、iPadもお風呂に持ち込みたいので、防水加工をお願いします。いずれはMacBookもよろしくお願いします。

友達

「一番仲が良い人って誰ですか？」

番組のアンケートや人と話しているときによくある質問だ。

誰でもすぐに答えられそうなこの質問に、僕はいつも頭を抱えるほど悩まされている。

それくらい友達が少ない。というか、いない。

友達作りは子供の頃から苦手だった。


僕の住んでいた群馬の山村は、保育園から中学までの教育機関が一つずつしかなかった。そのため天然エスカレーター式により同級生の顔ぶれはほとんど変わらなかったので、同級生はみんな友達のような感覚だった。嫌いな人もいないし、誰とでも話せて、小学生のときにお笑いコンビを組んだ男の子もいた。

「友達になろう」とわざわざ言うこともなく、いつしか自然とみんな友達だった。そもそも田舎なので、同じ村のおじさんおばさんもすれ違ったら挨拶をしてくれるし、下校中一緒に歩いて帰ったりすることもあったので、もう村の人全員友達みたいなものだった。

中学生になると部活動が始まって、同じ部活の人との仲が深くなっていく。コンビを組んでいた男の子とは部活が別になったので、あまり話さなくなってしまった。中学では、同じバスケ部の子と新たにコンビを組んだ。

クラスのお調子者として誰かを笑わせることばかり考えていた。

中学時代の自分が、人生の中で一番輝いていたかもしれない。

同級生のみんなはすごく良い人達だった。

こんな僕に他の人と変わらず普通に接してくれた。自分みたいな者が自由に過ごすことを受け入れてくれた。今思うと本当に感謝しかない。中学のときの楽しかった思い出が今の僕の活力になっている部分は大きい。

黄金時代の中学を卒業し、友達を自ら作るという作業をほぼしたことがないまま高校へ進学した。高校でも一番面白い奴になるつもりだった。

しかし高校で、悲劇は起きた。

高校はいろんな村や町の中学からたくさんの生徒が入学してくる。今までのコミュニティ、経験値は全て無効化された。これが、新時代なのか。

知らない人だらけで、一気に人見知りが爆発し、高校デビュー失敗。

最初の一週間くらいで何か目立つ行為をカマさなければ、「大人しい奴認定」をされてしまい、すぐにクラスのカースト制度の三軍に落とされてしまう。一度三軍に落ちてしまうとそこから這い上がるのは、キングオブコントのファイナリストになるくらい大変である。

高校は名前順で席が決められていて、僕が位置付けられたハ行の周りにはよその中学から来た野球部やサッカー部の人達しかおらず、コミュ力高め集団が得意とするスポーツで既に知り合いだったのか、すぐに意気投合しノリのいい感じを見せ始め、そういう人付き合いの天才達がどんどん一軍になっていった。

僕は完全に三軍スタートだった。入学して一週間、何も仕掛けることはできなかった。それどころか、ディズニー映画に出てくる魔女のような、いかにも性格の悪そうな野球部の人にいきなりいじられ、怯《おび》えて全く身動きが取れなかった。中学まで一緒だった心優しき森の妖精同級生達はごく僅かしかおらず、同じ部活だった人は一人もいなかったため、僕はなるべくして三軍になった。いや、三軍ではなく、五軍だった。クラスの中にいる、一言も喋ってるところを見たことない奴……は、四軍。それよりもすごい「あっこんな奴そういえばいたな」という意識しないと見えない空気のような存在感の奴が五軍である。

僕は空気だった。

何故五軍まで落ちぶれてしまったのか。それは、三軍から一軍に上がろうとしていた矢先に起きた「田舎に泊まろう事件」のせいだ。

「田舎に泊まろう！」とは、テレビ東京で放送されていた番組で、芸能人がアポなしで田舎に行き、一般人の家に泊めてもらうという内容だった。とても人気のある番組で、ウチの家族も毎週見ていて、「芸能人が近くに来たらウチに泊めたいね」と話していた。

その願いが天に通じたのか、本当に芸能人が来た。当時、「あるある探検隊」で大ブレイク中だったレギュラーの松本さんだった。

僕の中学の同級生の女の子がまず出会って、その子の家は泊めることができなかったため、僕が呼ばれて僕の家に泊まることになった。ただの同級生だった僕とその女の子が親密そうな仲に松本さんには見えたようで、松本さんにうまく丸め込まれ、僕がその女の子に告白する流れになってしまった。正直、僕もそのときは彼女がいなかったし、もし付き合えるならそれでも……みたいなスタンスだった。そのあわよくばという軽い気持ちがよくなかった。

告白は案の定、見事に失敗に終わり、その告白の様子はテレビで放送された。

放送後、学校に行くといつもと様子が違った。遠くのほうで声が聞こえた。

「あいつ、テレビで告白してフラれた奴だ」

完全にいじられていた。告白してフラれたことが笑い話になるのではなく、学校の笑われ者になっていた。

もう僕には殻に閉じこもることしかできなくなった……。そして五軍へ。

高校は男子校だったので、共学だった場合、どうだったのだろうと未だに思う。女性に対してはさらに奥手だったのでおそらく、七軍くらいまで行っていたかもしれない。


友達を作る方法をほぼ学ばずに高校生になって、どうすれば友達の契りができるのかわからなかった。

中学のときにハマっていた『三国志』で、蜀《しょく》の劉備玄徳《りゅうびげんとく》と関羽《かんう》、張飛《ちょうひ》が義兄弟の契りを結ぶため盃《さかずき》を交わしていたのを思い出した。その方法論しか僕にはなかった。未成年でなければ、盃を交わせたのに……。

最終的に五軍になってしまい、もう高校では一匹狼ならぬ一匹子鹿として体を震わせながら生きていくしかないかと思っていたのだが、自分の後ろの席に同じ星野という苗字で、よくよく話を聞くと自分の遠い親戚という人がいた。

その人とまず少し仲良くなった。まあ友達というか親戚なのだが。

たまに授業で二人組になって行うことがあったのだが、そんなときは彼しか組んでくれそうな人がいなかった。彼は運動部に入っていたし、頭も良かったので三軍だった。演劇部で運動も勉強も苦手な五軍の僕は、一人でいるのがとても怖かったので、いつも彼にくっついて行動していた。

彼だけが心の支えだった。

ある日、二人組で進めていく体育の授業があり、「事前に二人組を組んでおくように」と言われた。

当然僕は親戚とバディを組む約束をして、その授業に臨んだ。

しかし、先生の掛け声と共にクラスが二人組に分かれ出したとき、親戚は突然こう言った。

「ごめん、俺、他の人に誘われちゃったからそっち行くわ」

突然の裏切り行為に、目の前が真っ暗になった。彼は僕ではなく、一軍の人とバディを組んだ。

他の人と組むならもう少し早く言ってほしかった。体育館に向かっているときも一緒だったのに。言うタイミングはいくらでもあったはずだ。

結局、僕は最後まで残ってしまった。みんなはもう事前に二人組になっている訳なので、誰とも組むことはできなかった。

二人組になった人達からの薄《うす》ら笑うような視線が、すごくつらかった。

見渡すと、僕以外にももう一人、誰とも組めずにポツンと一人ぼっちでいる生徒がいて、一言も会話をしたこともないし、名前もよく知らない彼と組むことになった。その彼とは、その後すごく話すようになった。あのとき僕を助けてくれた君、今幸せでいてほしい。

授業が終わった後、親戚は軽い感じで笑いながら「ごめん」と謝ってきた。こんな露骨に人に裏切られたのは初めてだったので、ものすごくショックが大きかった。

この出来事が、より友達を作るハードルをあげたような気がする。信頼していてもいつかは裏切られる。本当に心を許せる人だけが友達なのかもしれないと思うようになった。やはり、盃は必要なのかもしれない。

最終的に高校では、ずっと五軍のまま生活することになり、良い思い出は演劇部でのことしかない。友達も部活以外では一人しかできなかった。その彼とももう十年以上連絡を取っていない。

遠い親戚の彼は、もともとの性格が、自分に利益をもたらすものや自分の都合の良いときにしか関わろうとしないタイプの人だったため、その後もあまり良い思い出はなく、高校卒業と共に疎遠《そえん》になった。近い親戚じゃなくてよかったのかもしれない。

大人になってからも友達の作り方がわからないまま、芸人になった。

ＮＳＣでも同期と話すことができなくて、誰の記憶にも残らないままひっそりと吉本興業から離れることになった。

すごく仲良くなって、「友達だな」と思っていても、仕事や環境の変化であまり会わなくなって、ふと関係性を考えたときに「まだ友達と思ってもらえているのかな」と、不安になる。

歌の仕事を始めて以降、お酒を一切飲まなくなったので、飲みに誘われることが全くなくなった。お酒を飲まなくなったので盃も交わせない。

友達全滅の危機。

中学の友達とも、一年に一回くらいしか会えていない。

友達と呼べる期限はどれくらいなのだろうか。

友達の定義ってなんなのだろう。「どこまでいったら友達」という、国で定められた明確な指標みたいなものがあったら嬉しい。


こんな僕でも、中学のときの親友がいるのだが、彼とはよく「彼女ほしい話」をしていて、でもお互い上手くいかないから「俺たちずっと独身かなー」とか笑いあっていた。

そんな親友が、ついに結婚し、子供も生まれるらしい。何故か全部、事後報告だった。

置いていかないでぇ〜。

第二章　生きる意味

「生きていてもつらいだけだ」

僕は、今まで「あること」からずっと目を背《そむ》けながら生きてきた。

その「あること」によって僕の人生や性格、すべてが左右されてきた。でもそれが、自分が生きる意味について、深く考えるきっかけにもなった。

小さい頃から、この「あること」についてほとんど誰にも伝えずに生きてきた。話したことがあるのは、ごく僅かな人しかいない。

もちろんメディアや公の場で触れたことも一度もない。

相手に上手く伝えることが難しいし、これまでの関係性や環境が崩れてしまうかもしれないという不安があった。

そして何よりも、自分自身が「あること」について考えるのがつらくて、目を背けたくて、ずっと今まで逃げて生きてきてしまった。

しかし、もう逃げることはできない。

僕が子供の頃に思い描いた人生の最終目標。

「将来有名になって、自叙伝を出す」

僕はついに、その最終目標の前に立つことができたのかもしれない。

僕は、口唇口蓋裂《こうしんこうがいれつ》という病気だ。

平成元年十月二十三日、星野一成は群馬県桐生市の病院で誕生した。

他の赤ちゃんと何ら変わらず通常通りの出産で、大きな産声をあげて元気に生まれてきた。

でも。

僕は、他の赤ちゃんとは少し変わった見た目で生まれてきたのだった。

口唇口蓋裂とは、母親のお腹にいるときに上顎《うわあご》の形成が上手く行われず、上唇と口の中の天井部分（口蓋）が裂《さ》けた状態で生まれてくる先天性の病気だ。

五百人に一人程度の割合で生まれるらしく、症状は人それぞれで唇だけ裂けている人もいるし、口蓋だけの人もいるし、顎に症状がある人もいる。

僕の場合は口唇と口蓋のダブルだった。

今の医療の技術では生まれる前からこの障害があるかないかわかるらしい。自分が生まれたときにはその技術はあったのだろうか。

僕の両親は、生まれてきた僕を見てどう思ったのだろう。母は看護師だから多少は理解があったかもしれない。

それでも、両親共にショックだったと思う。

我が子が障害を持って生まれてきたときの気持ちは計り知れない。自分から母にそのときの話を聞くことはできない。

僕はこの世に生まれたとき、どんな顔だったのだろう。

僕は知らない。

知ろうとしたこともない。


保育園に通うようになった頃、母から口唇口蓋裂のことを告げられた。僕にもわかりやすい言葉で丁寧にすべて教えてくれた。

もしかしたらもっと前から話をしてくれていた可能性もあるが、この頃にやっと自分の中で理解ができるようになったのかもしれない。

母から話を聞いて僕は、

「僕には生まれつきの病気があって、それを治すために手術をしているんだ」

と、子供ながらになんとなく理解した。

まだ自分のことを客観視する知能もないし、この障害の知識もこれからのことも何もわからなかった。

でも、

「自分は周りのみんなとは違う」

ということはとてもよくわかった。

僕は、幼い時期に母が口唇口蓋裂のことを隠さずに伝えてくれたことに感謝している。

病名を本人に告げることで、ショックを受けたり悩み苦しむこともある。

それを危惧《きぐ》して、病名は打ち明けずに、別の理由で治療をしていると伝え、成長を見守る親御さんもいる。もちろんそれも賢明な判断だと思う。

子供のためを思って、どう接するのか。

僕の母がしっかりと病気のことを話してくれたのには、母なりの考えがあった。

「自分自身のことなのだから全て包み隠さずに伝えてあげたい。病気を知った上でこれから生きていってほしい」

という思いがあったようだ。


結果的に僕は病気のことを知り、少年時代にとても苦しんだ。あのつらい日々の記憶が今も自分を縛《しば》り続けている。

それでも、あのつらい日々があったからこそ、早い段階で病気のことを考え、途中で人生をストップさせることなく生きてきて、今の自分がある。

手術は毎回大変だった記憶がある。

生まれてすぐに裂けている部分を繋ぐ手術をするはずだったが、体重が三千グラム以上でないと手術ができないとのことで、三千グラムに満たない状態で生まれてきたスリムボディの僕は大きくなるまで待つことになった。生後三ヶ月目でやっと体重をクリアし、初めての手術ができたそうだ。

口唇口蓋裂の手術というのは、一度では終わらない。骨格や体の成長に応じて行うため、何度も手術を繰り返して少しずつよくしていくしかない。

僕の症状は上唇が裂けているのと、唇の亀裂《きれつ》に沿って口の中の天井部分（口蓋）まで割れているタイプだったから、上唇は初期の手術でくっつけることができたが、口蓋の方はなかなか大変だった。

口蓋の穴を塞《ふさ》ぐためにいろいろな手術を行った。

舌弁《ぜっべん》という舌を切って口蓋の穴が空いているところにくっつける手術や、腰の骨を削って、それを鼻の下辺りにつける手術など大掛かりな手術もやった。

二年に一度くらいのペースで手術をした。全部で八回。

我ながらよく頑張ったと思う。

でも、自分一人の力で頑張れた訳ではない。

群馬県前橋市にある、元の名前が日本赤十字社群馬県支部病院で地元の人には「日赤」と呼ばれている大きな病院（現・前橋赤十字病院）に口腔《こうくう》外科があり、そこの名医がいつも僕の診察や手術をしてくれた。

先生はいつも優しかった。

生まれて間もない頃から僕をずっと担当してくれているので、もう親族と言ってもいいくらい付き合いが長かった。

その先生が手術をしてくれるなら……と、安心して手術を受けることができた。手術の前に先生がいつも話し掛けに来てくれた。一緒に頑張ろうと言ってくれた。

手術室の中で緊張している僕に優しく声を掛けてくれて、先生と看護師さんが数字を数えてくれた。一から十を数え切る間に僕は、全身麻酔で眠りについてしまう。

全身麻酔のにおいが臭くて嫌だった。

ハッカよりもさらに強烈な刺激臭がする全身麻酔で、それが嫌だと先生に話したら、次の手術のときには、甘いいちごの香りのする麻酔に替えてくれた。それが嬉しかった。未だにあのいちごの全身麻酔のにおいを鼻の奥で鮮明に甦らすことができる。

手術が終わって麻酔が切れた後も先生は様子を見に来てくれて、よく頑張ったねと言ってくれた。手術の後で苦しいときでも先生を見たら気持ちが落ち着いた。

あの先生だったから嫌な手術も頑張ることができた。

眼鏡を掛けていて、カルテに僕には全く読み取れない文字をすらすら書く先生の毛深い腕が記憶に残っている。

先生はきっともう現場からは離れられている年齢だと思う。大人になってから一度もお会いしたことはないけれど、元気に過ごされているかと思います。

本当にお世話になりました。


手術後は、一、二ヶ月の入院生活を送ることになる。

口の中や口周りの手術のため、二週間くらいは何も食べることも飲むこともできない。その期間の食事はというと、点滴もしくは、当時鼻の穴よりも大きく見えた太い管を鼻から胃の中まで入れ、その管に注射器で栄養のある液体を流し込む……というものだった。飲み物もその管から飲まなければいけなかった。管から直接胃にいってしまうので、食べている感覚も飲んでいる感覚もなかった。注射器から入れたものが鼻から喉を通って胸辺りを通過するときに、体の中で冷たさをわずかに感じるだけだった。全然お腹もいっぱいにならないし、喉の渇きもあまり癒《いや》せなかった。

さらに、鼻から入れている太い管が常に体の中に入っている状態なので、管が鼻や喉にずっと当たっているためかなり気持ちが悪かった。体を少し動かすだけで管が動いて吐きそうになったり、管で鼻が引っ張られて手術の傷痕《きずあと》に激痛を感じたりした。なるべく動かないようにほとんどベッドの上で横になって過ごした。唾を飲み込むときにも管が動いてよくえずいていた。オエッとなるのが嫌で、唾はギリギリまで口の中に溜めて飲み込む回数をできるだけ減らしたり、ティッシュやガーゼで拭き取ったりした。

それに加え、鼻が管や脱脂綿で塞がれているせいで、鼻で呼吸ができない。口で呼吸をしなければいけないから、どんどん口が乾く。口の中の唾液が触れない部分や口の周りが乾燥して痛くなる。

起きているとあちらこちらに気を遣わなければいけないから、なるべく寝て時間が過ぎるのを待とうとするが、喉を通る管の異物感と傷口の痛みのため気を失うくらい疲れなければ眠ることはできなかった。眠れたとしても寝返りを打った瞬間、痛みですぐ起きてしまっていた。

そんな地獄の毎日を管が取れるまで過ごす。

腰の骨を移植したときは腰の傷口がものすごく痛かったため、より大変だった。普通に歩けるようになるのに時間が掛かり、歩くリハビリも必要だった。

二週間くらいして先生に術後の経過を見てもらい、状態がよければ管を外してもらえる。この日はいつも嬉しかった。

管を外してもらって最初にしたいのは、ごはんを食べることだったが、すぐに何でも食べていい訳ではなかった。手術跡を傷つけないような柔らかい食べ物なら食べていいとのことだった。

正直、食べられればなんでもよかった。

とにかく何かを噛んで飲み込みたかった。

この経験から、普通にごはんを食べられることがどれ程幸せか、身にしみてわかった。好きなおかずがひとつもない病院食でもすごく美味しく感じた。食べられるならなんでも嬉しかった。

今現在、食にほとんど興味がない。

それは、入院のときの経験によって食の美味しさのハードルがものすごく下がり、何でも美味しく感じてしまい、最終的にお腹がいっぱいになれば何でもいいという考えになったのもあるのかもしれない。

それでも、管の食事はもう嫌だ。


そんな過酷な入院生活の間、常に僕の側にいてくれたのは母だった。

僕が手術をするときはいつも、入院期間中ずっと付きっきりで看病をするために、看護師の仕事を休んでくれた。長期間休むことになるのに、それを毎回受け入れてくれた母の働く病院にも、とても感謝している。

普段看護師をしているといっても二ヶ月近くずっと看病し続けるのは大変だったと思う。普通であれば看護師さんがやってくれることをほとんど母がやってくれた。管に注射器で食事を入れるのも、管のせいで飲み込めない唾をティッシュやガーゼで拭き取るのも、お風呂に入れないから体をタオルで拭くのも。

ほとんど休む暇はなかったと思う。

気分転換に一日くらいどこかに行くこともなく、行くのはコンビニとか必要なものを取りに一瞬家に戻るくらいで、夜も病院にある小さな簡易ベッドを僕のベッドの横に置いて一緒に寝てくれた。夜中に体調が悪くなったり、トイレに行きたくなったときには母を起こして対処してもらった。全く寝た気はしなかったと思う。

僕は自分のことだけで精一杯で、母の気持ちなど少しも考えたことはなかった。精神的にも体力的にもきつかったと思う。

それは手術や入院のときだけではない。

小学五年生くらいまで僕は毎週病院に行かなくてはいけなかった。

それも毎回母が仕事を早上がりして保育園や学校に迎えに来てくれて、車で二時間くらいかけて病院に通わせてくれた。

僕は、帰りの車で眠くなってすぐに寝てしまう。

でも、母は運転をしなければいけないから寝ることはできない。

高速道路で病院に行く途中で事故に遭ったのに、その後も怖いと言いながらも僕のために高速道路を運転して病院まで連れて行ってくれた母は、本当にすごいと思う。

群馬にはかかあ天下という言葉があり、群馬の女性はたくましいということだが、僕の母はまさしくたくましかった。

僕が何も食べられなかったとき、同じ病室の他の人たちが病院食を食べる咀嚼《そしゃく》音や箸が食器に当たる音が聞こえてきて、僕はとてもつらかった。

そんなとき、母は夜にこっそり病院の売店に行ってプリンを買ってきてくれた。先生には何も食べてはダメと言われていたので、見回りの看護師さんにバレないよう静かにベッドのカーテンを閉め、スプーンの端にほんの少しだけプリンをすくって傷口に当たらないように僕の口の奥にプリンを入れて食べさせてくれた。食べた後は、先生にバレないようにすぐうがいをした。

あのときに食べたプリンは本当に本当に美味しかった。

母の気持ちを聞いたことはない。

僕がこんな形で生まれてきてしまったせいで、自分を責めたりしたかもしれない。でも僕は、今まで母を責めようと思ったことはない。もちろん父も。

母は父と離婚してから、父の分まで僕に尽くしてくれた。母は僕をいろんなところに連れて行ってくれた。僕によく、「他の子とほとんど変わらないから大丈夫」と言って、勇気づけてくれた。

もしも母が僕の母でなかったら、僕はこの病気を乗り越えられなかったと思う。


僕にとって口唇口蓋裂として生まれて最も大変だったのは、手術や入院ではなく、人との関わりだった。

僕は口唇口蓋裂によって鼻の形が左右対称ではないし、唇も非対称で人中《じんちゅう》と呼ばれる鼻の下の溝もない。

僕の顔は誰がどう見ても普通の人とは様子が違う。だから気になるのもわかるし、面白く見えてしまうのはしょうがないことだ。

それでも保育園までは、見た目が違うことを言ってくる人達はいなかった。群馬の小さな田舎町にある保育園だから人数も少なく、同級生はみんな友達みたいなものだったし、まだみんな幼くて僕の顔には何も気づいていなかったのかもしれない。

なので周りのみんなと同じようにいっぱい遊んで普通に楽しく過ごせていた。

家の中では、歌を歌ったり、ヒーローごっこをしたり、とても明るく元気な子供だった。

母が僕に病気のことを教えてくれたときも、早く治るといいなと思うくらいだった。

保育園を卒園し、小学校に入学した。

ここで初めて、僕は小学校高学年の人達に出会うことになる。

高学年ともなると、周りがよく見えてくるようになる。

僕は、ここでついに高学年の児童に見つかってしまったのだった。

ある日、休み時間に学校の廊下を歩いていると、上級生の二人組が僕とすれ違った。

そのときは何もなく、僕はトイレに行っていたので教室に戻ろうと歩き続けていた。

すると、背後から声がした。さっきすれ違った二人組が走って僕の目の前まで戻ってきた。僕はどうしたんだろうと思って、きょとんとしていた。

急いで戻ってきた二人組は僕の顔を見て、爆笑し始めた。僕はなぜ二人が笑っているか意味がわからなかったのと、急な出来事過ぎて身動きが取れずにいた。

その後二人は、また走って遠くに行ってしまった。二人が去った後、少しずつ状況が理解できるようになってきて、自分の顔について笑われていることにとてもショックを受けた。

別の日、掃除の時間に急に上級生に連れて行かれて二階の廊下に向かうと、別の上級生がいた。二人は僕の顔を見て話し出した。

「ほら、やっぱこいつ鼻曲がってるよな」

「変な顔」

と、言われた。

小学生になってしっかりと理解した。

「自分は変なんだ」

そう思ってから、人に会うのが怖くなった。

顔を見られるのが怖い。

もう笑われたくない。

誰にも会いたくない。


でも、学校には行かなくてはいけない。

学校でつらい思いをしていることを母や家族には言えなかったからだ。

家ではこれまで通り明るく元気に過ごしていたし、何より家族に心配させたくなかった。

だから、学校に行った。

そしてまた、顔を馬鹿にされてしまう。

学校から家に帰って寝室に直行し、布団に潜り込んで泣いた。つらいときは、いつもこうして泣いていた。誰にも相談できない孤独さを、キリンを抱きしめて紛らわせた。

どうして僕はこんなにつらいことばっかりなのだろう。

痛い手術もしなきゃいけないし、病院にも毎週通わないといけない。

お母さんが夜勤で夜いなくて寂しいのも我慢しなきゃいけない。

学校に行ってみんなに笑われないといけない。

どうして僕は生まれてきてしまったんだろう。

どうして僕は口唇口蓋裂として生まれたんだろう。

泣きながらたくさん考えた。考えても考えても答えはでなかった。

家族には見られないように洗面台の前に行き、自分の顔を見た。

自分でも気持ち悪いと思った。

鏡に映った醜い顔をなんとか普通にしたくて、鼻や唇を指で動かしてみた。それで治る訳もなく、その顔はいつも泣き顔に変わっていった。

そんな日々が続いて、ついに僕は心が折れてしまった。考えすぎてしまったのかもしれない。

僕の顔はきっと綺麗に治ることはない。

もう何回も手術をしたけど、あんまり変わっていない気がするから。

だから僕はこれからも顔を見られては笑われて、変と言われる人生なんだ。

どんなに性格が良くても頭が良くてもスポーツができてもお金持ちでも、結局顔のことを言われる人生なんだ。

僕は一生、笑われて生きていく人間なんだ。

そんな人生、つらすぎる。

「生きていてもつらいだけだ」

「死にたい」

そんなつらい人生だったら、死んで楽になりたいと思った。

死んでしまえばもう面と向かって笑われることなんてない。

それに、手術や通院、学校のお金もかからなくなる。

お母さんとお父さんが離婚したのも、もしかしたら僕が病気だったせいかもしれない。

僕がいなくなったらまた結婚できるかもしれない。

もしかしたら家族も僕みたいな子供がいて恥ずかしいと思っているかもしれない。


「僕は生きていても意味ない」


でも、死ねなかった。

死ぬ勇気が出なかった。

結局僕はただの気の弱い人間だった。つらいことからいつも逃げようとするだけの小心者。

死ぬ方法なんていくらでもあったのに、行動に移すことすらできなかった。ただ僕は布団を被って泣いていただけ。情けない。

死ねなかったのは、勇気が出なかったからかもしれない。

でも、僕が死んで、僕のせいで家族が悲しむのは嫌だと思った。

家族みんなが今まで僕のために尽くしてくれたり、応援してくれたのを無駄にしたくなかった。

そして、僕はロックマンから学んだ「二機目の人生」を歩むことにした。

「ただ生きていても意味がないから、生きる意味を作れるような生き方をしよう」

と思った。

そんな人生のどん底のときに、お笑いに出会う。

僕が初めて見たお笑いは、夜寝る前にテレビから流れていたコント番組だった。

その番組は「笑う犬の冒険」だった。

「笑う犬の冒険」はウッチャンナンチャンさん、ネプチューンさんなどレジェンドクラスの芸人さんが出演されていた、超人気番組だ。

それまでテレビはほとんどアニメと音楽番組しか見ていなかった僕は、たまたまお風呂上がりに見たテレビから流れる映像に衝撃を受けた。

原田泰造さんと堀内健さん演じるテリー&ドリーのコントが胸に響いた。

生きてることがつらいと嘆く兄のドリー。そんな兄に生きてることを実感させる弟のテリー。実在の人気レスラー、ドリー・ファンク・ジュニアとテリー・ファンクの兄弟をモデルにしたコントだった。

「生きてるって何だろ」

「生きてるってな〜に」


自分の中で生きることはつらいことでしかなかった。生きるという言葉にさえ触れたくないくらい生きることが嫌だった。

なのに、テリー&ドリーを見て笑えた。

生きることへの長年の悩みがとてつもない前フリになって、笑っている時間は嫌なことすべてを忘れていられた。

「面白いって楽しい」

と思った。

お笑いが僕を救ってくれた。

いつしか毎週欠かさず見るようになった。

お笑い芸人さんが全力で面白いことをしている姿がとてもかっこよかったし、たくさん笑わせてもらって元気をもらっていた。


内村さんとホリケンさんがやっていたパタヤビーチのコントが一番好きだった。

日本から来た観光客に芸を見せてお金をもらおうとするコントなのだが、好き過ぎて録画をしたビデオを一人で完コピできるくらい繰り返し見た。

家で一人「笑う犬の冒険」のコントの真似をしているうち、これを誰かに見てほしいという気持ちが芽生えてきた。

「自分も誰かを笑わせてみたい」

それまでは、自分を誰にも見られたくないという気持ちしかない人生だったのに、コントをしている自分を見てほしいと思えたのは初めての感情だった。

そして、同じクラスの男子と一緒にパタヤビーチのコントを練習して休み時間に女子に見せてみることにした。

とても緊張したが、一人じゃないからできた。

女子は笑ってくれた。

それが、本当に嬉しかった。今までに感じたことのない喜びだった。テストで百点を取っても、良いことをして誰かに褒められても、味わうことのできない感情で、とても気持ちがよかった。

プロの真似事ではあったが、自分がしたことで誰かを笑わせることができた体験は、自分にも何かできることがあるのかもしれないという小さな希望になった。

それから僕は、お笑いを通して人と接することが少しずつできるようになっていった。

あのとき、「笑う犬の冒険」を見ていなかったら。

もしかしたら、全然違う人生だったかもしれない。

お笑いを知るきっかけをくれたウッチャンナンチャンさんの所属事務所、マセキ芸能社で、今、自分も活動できていることを心から嬉しく思います。内村さんと南原さんに初めてお会いできた日、生きててよかったと思いました。


お笑いに出会って、僕はこれから自分がどうなるべきかを真剣に考え始めた。

僕が生きる意味。

そこで導いた結論が、

「星野一成という人間をたくさんの人に知ってもらいたい」

だった。

せっかく生まれてきたのだから。

せっかく口唇口蓋裂として生まれたのだから。

僕という人間が地球上にいることを知ってもらいたい。

今、僕のことを知らない人が地球にたくさんいるから、僕を初めて見た人が僕を気持ち悪がったり、馬鹿にして笑ってきたりする。僕のことをみんなが知って見慣れてくれたら、この顔も普通になって、そんなこともなくなるんじゃないか。

僕をたくさんの人に知ってもらうことで、同じ口唇口蓋裂の人にも、何か伝えることができるんじゃないか。

そして、家族、僕を生んでくれた両親に僕が生まれてきたことをよかったと思ってもらえるかもしれないと思った。

だから僕は、有名になろうと決心した。

人生の最終目標も決まった。

「いつか有名になって自分のことを書いた本を出版したい」

どんな形であれ、絶対有名になりたい。

有名になるには、芸能の世界に行くのが一番早いと思った。


芸能の仕事とは。

小学生のときは、ただとにかく有名になろうと思っていて「芸人か歌手のどちらかになれたらいいな」くらいでぼんやりとしていた。

将来お笑い芸人になると確定したのは高校一年のときだった。

小学生の頃に「笑う犬の冒険」を見てお笑い芸人という職業を知り、それからいろんなバラエティ番組やお笑い番組を見るようになっていった。

いろんな番組を見ているうちにあることに気づいた。

「お笑い芸人は自分のコンプレックスを武器にできる職業である」と。

当時のお笑いは、まだ過激なリアクション芸や、いろんな表現もありコンプライアンスもそんなに厳しくない時代だったため、現在よりも自由なお笑いの形があった。

その中で、昨今とても問題視されている容姿問題。

それまではずっと顔がブサイクであることは、お笑いにとってとても有利な雰囲気があった。

なので、周りからブサイクといじられている人は、男子でも女子でも「芸人になったら？」と言われることも多かった。そんな時代だった。

僕は「芸人になったら？」と言われたことはなかったが、自分ももしかしたらこの顔を生かすことができるかもしれないと考えた。

小学生、中学生の頃は同級生とお笑いコンビを結成し、文化祭でコントを披露したり、全校生徒の前でふざけたりと、将来芸人になるために経験を積もうと頑張っていた。

しかし、ある壁が立ちはだかった。

僕の顔は、ブサイクと認識されるのだろうか？

ブサイクではなく、障害のある顔として見なされてしまうのではないか？

一般的にブサイクと言われる人達と自分を比べると明らかに自分のほうが歪《いびつ》さが勝っていると思った。

この小さな田舎では、口唇口蓋裂はあまり知られておらず、同級生や顔について聞いてくる人には「幼い頃にケガをしてこうなった」と伝えていて、それで成立していた。でも都会ではどうなのだろう。

もし障害者として見られてしまったら、それは笑いにならないかもしれない。

それに気づいてから、その不安が僕に一生付きまとうことになる。この不安は今でもずっと頭にあって、、この先なくなることはないと思う。

僕で笑えるのか？

僕はテレビに出ていい人間なのか？

今まで漠然と有名になろうと思っていただけで、大事なことを考えていなかった。

もしかしたら、僕は芸能人にはなれないかもしれない。

落ち込んでいたある日、ドラマを見ていたら、口唇口蓋裂と思われる方が出演していた。

そのドラマは当時とても有名で、視聴率も高く話題になっていた。

そんなすごいドラマに、メインの役どころではなかったが毎週出演されている俳優の方を見て、僕はとても勇気をもらった。

僕もテレビに出られる可能性があるかもしれない。

このまま生きていても一生顔のことで笑われる人生。

どうせ笑われるのなら、自分から笑わせたい。

一度死んだような人生だから、失敗してもいい。やってみようと思えた。

そして、高一の夏。

奇跡が起きた。

当時、テレビ東京で放送していた「田舎に泊まろう!」という番組で、僕の家にレギュラーの松本さんが泊まることになったのだ。

当時、「あるある探検隊」のネタでブレイクし、人気絶頂だったレギュラーの松本さんが僕の住む小さな田舎町に来たので、たくさんの人が松本さんを一目見たいと集まっていた。松本さんはスーパースターだった(過去形で書いてしまって、本当に申し訳ございません!)。

ものすごく近い距離でプロのお笑い芸人さんと過ごさせていただくという貴重な経験ができた。

その日に、お笑い芸人になる覚悟が固まった。

翌朝、松本さんが東京に戻られた後、これがのちに最後になる手術の説明を受けに行くため、母の運転で新しく通うことになった新潟の病院に向かっていた。その道中で、芸人になりたいという思いを真剣に母に伝えた。

前日のロケで「将来は母と同じ看護の仕事がしたい」と嘘をついたばかりだった。

でも母は、「やりたいことをやりな」と言ってくれた。嬉しかった。母の優しさに泣きそうになったが、泣いているところを見られたくなくて必死にこらえた。

高校を卒業したら、レギュラーさんも所属する吉本興業の養成所に行くことと、三十歳までに芸人として芽が出なかったら群馬に帰ってくる約束をした。

新潟での手術が終わり退院した後、次の手術の話になった。芸人になると決まったからこそ、母は僕にもう一度手術をして鼻の形や口唇を整えたほうがいいのかもしれないと言った。お金のことは気にせず、僕がやりたいようにやればいいと母は言ってくれた。

僕は母に、「手術はもうしなくて大丈夫」と伝えた。

今までずっと普通になりたくて、たくさんの手術や努力を重ねてきた。顔を整えたほうが、悲しい思いをすることも減るし、写真も好きになるかもしれないし、自分に自信を持てるかもしれなかった。

それでも僕は、自分の生きる意味を考えた。

「せっかく僕は口唇口蓋裂として生まれたのだから、このままありのままの自分をいろんな人に見てもらおう」

それが僕の生きる意味だと思った。

これまでずっと散々つらい気持ちを味わってきたのだから、今のままでも、この先もくじけずにやっていけると思った。お笑いに出会えた僕は、無敵だ。

絶対お笑い芸人として売れてやると決めた。


こうしてお笑い芸人になることを決意したのだが、それまでは歌手になりたい気持ちのほうが強かった。

やはり、本来の自分は人見知りで引っ込み思案でネガティブなので、

「お笑いよりも歌のほうが、まだ向いているのではないか？」

と、自分では思っていた。

でも実際は、僕が歌手になることは絶望的だった。

僕は、言葉を普通に話すことがずっとできなかったのだ。

口蓋裂のため、口の天井部分が空いていて、そこから空気が鼻に抜けてしまうため上手く言葉を話すことができなかった。自分では発音に意識を集中して話していても、聞く側は何を言っているのか聞き取れないくらいだった。

それを治すために幾度も手術をし、発声や発音の練習をする「言語」の訓練のために毎週日赤病院まで行っていた。

だが、毎週通って練習しても全く効果が感じられなかった。ストローを使って水を吹く

練習があったが、どんなに力を込めて口から吹いても鼻から空気が漏れてしまう。

五十音の中で、サ行、タ行、ザ行、ダ行が上手く言えなかった。自分の名前のかずなりも上手く発音できなくて、自分の名前を言うのが嫌いだった。

毎週何のために言語の訓練に行っていたのかわからなかった。つらかった。でも本当につらかったのは、毎回病院まで二時間かけて車で連れて行ってくれていた母のほうだったと思う。

その二時間の車での移動中、いつも音楽を聴いたり、歌ったりしていた。全く上手く言葉を出せてはいないのに、自分では普通の人とどう違うのかわからなかった。

それでも、誰かと話したときに笑われる。

「なんて言ってるかわからない」

「変な喋り方」

「滑舌悪いね」

僕が話すのを真似していじってくる人達。

僕は、顔だけでなく話すことも変なんだとショックを受けた。どんどん人前で話すのが怖くなった。

学校ではなるべく喋らずに過ごすようになり、家でしか本当の自分ではいられなかった。

お風呂に一緒に入った母が先に出た後に、滑舌の練習を何回もやった。しかし、一向に糸口が見つからず、泣きながら好きな歌を歌った。いくら音程が合っていても、滑舌が悪かったら良い歌ではない。自分の歌を好きになれなかった。

小五くらいのときに口蓋の手術により空気が抜けにくくなり、何とか聞き取れる発音ができるまでになった。

言語の訓練に通わなくてもよくなって、僕は「自分の滑舌は改善した」と思っていた。

小学校の卒業式を控えた頃、一人一人将来の夢や、小学校の思い出を話す姿をビデオで撮ることになった。僕はそれまで、自分が喋っている動画をあまり見たことがなかった。

収録後、そのビデオを初めて見たとき衝撃を受けた。

良くなったと思っていた滑舌は、全然良くなっていなかった。

とても寒い日だったのに、体中がものすごく熱くなった。今までの自分がこんな変な話し方で生きてきたことを知り、悲しさと恥ずかしさで汗が止まらなくなった。

歌手になることは不可能だと思った。自分の発声が気持ち悪すぎて、歌うことも嫌になった。

おそらくこの先、手術を繰り返しても、滑舌が治ることはないと感じた。

そして、高校生のときにまた手術をした。今回は初めて日赤病院ではなく、新潟の大学病院での手術になった。もういつもの先生ではない。行くまではとても不安だったが、この病院で僕は、人生を変えてくれた運命的な出会いをした。

新潟の大学病院にも言語を訓練してくれる言語聴覚士の先生がいた。

小学生のときに言語の訓練は終了しているので、やらなくてはいけない訳ではなかったが、手術後にまた二ヶ月近く入院期間があり、せっかくならと言語の先生に診てもらうことになった。

その言語の先生は、二十代後半くらいに見える若い女性の先生だった。今までの先生とは少し違い、友達のような親しみやすい雰囲気で僕に接してくれて、とても話しやすかった。

滑舌の確認のため、先生の前で五十音を順番に発音していく。

すると、先生は言った。

「全然問題なく話せてるね。だから大丈夫。苦手って言ってるサ行とかの発音も治せるよ」

耳を疑った。治せる？

嘘だと思った。今までどんなに頑張っても全く良くならなかった。きっと僕のために前向きな言葉を言ってくれただけだ。無理に決まってる。

でも先生は、僕が上手く発音できない原因は「舌の使い方が違うからだ」と教えてくれた。

僕はずっと、穴が空いていて空気が漏れてしまうせいだと思っていた。しかしそうでは

なく、普通の人の発音とは違う舌の使い方を習得すれば治せるという。先生は最後に、

「絶対良くなるから、退院まで一緒に頑張ろう」

と言ってくれた。

診察が終わった日の夜、僕は興奮が醒《さ》めずなかなか眠りにつくことができなかった。今までの悩みが解決するかもしれない。誰かと話すときに苦手な言葉をなるべく使わないように気をつけなくてもよくなるかもしれない。大好きな歌を堂々と歌うことができるかもしれない。そう思ったら嬉しくて眠ることなどできなかった。

それから、毎日ひたすら新しい舌の使い方をした発音の練習を始めた。時間はたくさんあったので、いっぱい練習はできた。

しかし、十年以上もやってきた発音の仕方を変えて新たに体に覚え込ませるのは簡単なことではなかった。気を抜くとすぐに前の発音になってしまう。このとき、歯列矯正をしていて、これも口唇口蓋裂の治療のためだったが、矯正器具により新しい発音はさらに難しくなっていた。

スマホのボイスメモに自分の発音を録音して、それを聞いてまた録音して再び聞くという地道な練習を何度も繰り返した。

週に一度くらいのペースで言語の先生に発音を診てもらうのだが、徐々に上手く話せるようになっていくと先生はすごく褒めてくれた。

毎日何時間も練習をしたのだが、結局入院期間中には完全に発音をマスターできないまま退院になってしまった。

約二ヶ月でやっと外国の人が覚えたての日本語を話すくらいのスピードでなら、なんとか話せるようにはなれた。

退院前の最後の診察で、先生は「見違えるほど滑舌が良くなった」と褒めてくれた。泣きそうなくらい嬉しかった。

そこで、先生にも将来お笑い芸人になりたいと思っていることを話してみた。口唇口蓋裂の僕みたいな人が芸人になってもいいのか、滑舌が悪くても大丈夫なのか、不安に思っていることも聞いてみた。

その質問に先生は、

「全然大丈夫。星野君ならなれるよ」

と、言ってくれた。

先生のその言葉で今までの不安や悩みがすべて救われた気がした。

先生は芸能の世界に詳しいわけではないし、問題が解決したわけでもないけれど、いつも先生のくれる前向きな言葉が僕の背中を押してくれた。

もしこの言語の先生に出会ってなかったら、僕は一生めちゃめちゃ滑舌が悪いままだったし、途中で芸人になる夢を諦めていたかもしれない。

本当に先生は僕の命の、人生の恩人です。

ありがとうございます。

いつかまたお会いできたら本当に感謝を伝えたいです。自分の言葉で。


退院の日、病院を後にして、母に頼んで真っ先に連れて行ってもらったのは、飲食店ではなくカラオケ店だった。美味しいものを食べるよりも早く歌を歌ってみたかった。美味しいごはんの代わりにフードメニューにあったポテトを食べた。まだ普通に話すのは難しいけど、曲調がゆっくりな曲であれば正しい発音で歌えることが嬉しすぎた。母がいたので我慢していたが、母がトイレに行っている間に涙が溢れてきて泣きながら歌った。

新潟の初めて入ったカラオケ店で歌った19の「あの紙ヒコーキ　くもり空わって」は一生覚えているかもしれない。決して上手くはなかったけど、今までで一番良く歌えた気がする。

こんなに歌を歌えることが幸せだと感じた日はなかった。

僕は歌うことが本当に大好きだ。

現在、結局のところ普通の人よりも滑舌は良くない方ではあるが、あんなに無理だと思っていた歌を歌う仕事をさせてもらっているし、ナレーションの仕事もいただいている。

絶望していたあの頃の自分からしたら、奇跡の連続である。

自分なんかがやってもいいのかといつも不安になるが、好きなことをやらせてもらえてとても幸せだ。とにかく、もっと滑舌を良くしたい。声の仕事をたくさんやってみたいです。


僕が今まで触れてこなかった話は、もう一つある。

父のことだ。

僕が二歳のときに両親が離婚をし、母子家庭になった。

なので、あまり父の記憶がない。

父は身長も体も大きめで髪型や服装も派手な物を好む、今で言う「陽キャ」タイプの人だった。見た目は双子の弟と言ってもバレないくらいブラザートムさんに似ていて、ファンキースタイルだった。どうして僕のような真逆人間が生まれたのだろう。

離婚をした後、父に会うことはなかった。

僕の自我が芽生える頃には父はいない存在だったので、会えないことへの寂しさみたいなものはあまり感じなかった。

それから、僕は今までずっと「二人兄弟である」といろんな場所で言ってきた。

でも実は、四人兄弟である。

父には僕の母と結婚する前に結婚歴があり、その相手の方との間に息子がいた。僕にとっては兄に当たる。

前の奥さんと離婚した父は、兄を引き取って父子家庭として暮らしていた。

それから僕の母と結婚し、僕が生まれた。

なので、僕は両親が離婚する二歳までは、父の連れ子だった兄と一緒に暮らしていたのだ。兄は僕と十三歳も歳が離れており、とても優しく真面目な性格で、僕の面倒もよく見てくれたと母が言っていた。僕には兄の記憶も全くない。

そして、父にとっての二度目の離婚で、僕と兄は離れ離れになり、会うことはなくなった。

父はそれから、三度目の結婚を果たす。ファンキー。僕はまだ一度も結婚したことがないのに。三度目の結婚により、男の子が生まれた。兄と同じく半分血の繋がった僕の弟。僕とは五歳差。男三兄弟。

そしてそして、母も後に再婚をし、男の子が生まれた。それが、僕が今まで兄弟として世間に話してきた弟である。この弟と僕とは歳が十三歳離れている。

ということで、本当は、僕は男四人兄弟なのである。全て片親違いという奇跡。

この文章量からもわかる通り、四人兄弟であることの説明はとても大変である。

テレビで兄弟トークになったときにこんな長々と家族構成の話に時間を使える訳もなく、一緒に暮らした記憶がない兄と弟（五歳下の方）のエピソードもあまりないため、本当は四男である弟と二人兄弟であると言うようにしてきた。

実際、戸籍上も二人兄弟になっている。

兄と五歳年下の弟……もうこの書き方さえもめんどくさい。

以降、ここでは四人兄弟として、兄、僕、三男、四男と書くことにする。

兄と三男とは、会うタイミングはずっとなかった。

だが、そのきっかけは突然訪れた。

僕が九歳の時、兄が交通事故で亡くなったのだ。

その通知が家に届いた。離婚してから、母と父は全く連絡を取っていなかったが、久しぶりに届いた手紙はとても悲しいものだった。

兄は、優しく真面目な性格で交通ルールを破るような人ではなく、急に飛び出してきた対向車を避けるために車のハンドルを切ったが、その先に電柱があり、思い切りぶつかってしまい命を落としてしまった。

大学までの成績も首席クラスの優秀者で、建築関係の仕事に就き、すぐに役職に選ばれ、みんなからも慕われる青年だったそうだ。車が好きで、自分の稼ぎで車を購入し乗っていた。その車で事故は起きてしまった。二十二歳の若さだった。

父から送られてきた手紙には亡くなった日の日付が書かれていた。

その兄が亡くなった日の翌日が、僕と母が高速道路で事故にあった日だった。

偶然ではあるが、偶然とは思えない何かを感じた。

母は僕に言った。

「高速道路で事故にあったとき、本当なら私達も命を落としていたかもしれない。でもきっと、お兄ちゃんが助けてくれたんだよ」

一緒に暮らした記憶はないけれど、兄に「ありがとう」と心の中で強く思った。

父からの手紙の中には、僕と兄が一緒に写った写真が入っていた。いつか会って話してみたかった。

その手紙には、会っていなかった七年間のことも書いてあり、そこで父が再婚し、三男が誕生していることを知った。母はとても驚いていた。確かにいくら連絡を取っていなかったとはいえ、再婚したことを伝えてこないのはだいぶファンキーだ。


そして、兄の葬式で、父と七年ぶりの再会を果たした。

と言っても、僕からしてみれば初対面も同然だし、父親という感覚もあまりなかった。

なによりブラザートム似の容姿にビビってしまい、このときは全く話せなかった。

父の笑い方も、漫画の『ワンピース』に出てくる悪い海賊みたいで怖かった。

三男にも会った。四歳で話はできるようなのだが、ものすごい人見知りで、彼も父の子供なのに何故？　と思った。

僕も三男もめちゃめちゃ人見知りのため、お互い『ワンピース』のチョッパーのようなオドオドした振る舞いしかできず、ほとんど話すこともなく初対面は終わった。

父と再婚した三男の母親は、地味なウチの母とは違い、服装も髪型も父寄りのファンキーマミーだった。若旦那とＭＩＮＭＩ元夫妻のようなファンキー夫婦に、僕も母も緊張していた気がする。

でも、ファンキーマミーはとても気さくな方で、僕にも母にも優しく話しかけてくれて、一度会っただけで良い人だなと思った。

それから、年に一度くらいのペースで父の新しい家族と会うようになった。

兄が再び僕らを会わせてくれたんだと思う。優しいお兄ちゃん。

会うごとに父のことがわかってきた。

父は、見た目はかなりファンキーな感じだが、中身は僕にすごく似ていて、人見知りで恥ずかしがり屋だった。

僕は券売機がないと飲食店に入れない人間だが、父も一人旅で行った先の名物が食べたくても一人でお店に入ることができず、コンビニでおにぎりを買って食べたりしていたらしい。

見た目で自分を大きく見せている、優しい真面目な性格だった。

でも怒ったときはそのイカつさがパワーとなって、めちゃめちゃ怖かった。三男はよく怒られていて、ゲンコツされていたりもした。泣いている三男を見る度に、改めて、僕は母に引き取られてよかったのかもしれないと思った。

小学生のときに父と母の前で将来の夢を聞かれて、なんと答えるかとても困った。

父は不動産屋を経営していて、勝ち組だった。高級車を何台も所有しており、部屋の中にはいくらするのか見当もつかないような鎧《よろい》が飾ってあったりもして、とても裕福な家庭だった。いろんな資格も持っていて、頭もとても良かった。なので、父は僕にも兄のような頭の良い人間になって安定した職に就き、立派な人間になってほしいといつも言っていた。

だから、「芸人になりたい」と言うことはとても怖かった。絶対ゲンコツされると思った。でも、ここで言わなかったら、一生言えないままで、芸人になることができないと思った。

それで、勇気を出して冗談ぽく、「芸人になりたい」と伝えてみた。

すると、父は笑って、

「芸人？　あんなの一成じゃ無理だし、すごく大変だからやめたほうがいい」

と言ってきた。

芸人を否定されたことよりも、ゲンコツがこなかったことへの安堵《あんど》が勝った。

それから二度と父の前では「芸人になりたい」とは言わないようにした。

父はギャンブルが好きだった。たまに、桐生のボートレース場に連れて行ってくれた。競輪もよく見ていた。

なのでその後は、父を喜ばすためにも、「競輪選手になりたい」と言うことにした。

そしたらとても喜んでくれた。芸人よりも競輪選手のほうが一握りの人しかなれない大変な職業だと思うが。

芸人になると決めたときも絶対に反対されると思ったから、父には「大学に行く」と嘘をついて僕は上京した。

上京してからは、一度も父の住む桐生には行かなかった。芸人として結果を出さないと合わせる顔がなかった。


そして、二〇一一年。上京して三年目の秋。

父が急に倒れた。

くも膜下出血だった。

「もしかしたら危ないかもしれないから、今すぐ来てほしい」とファンキーマミーから連絡があった。その日のバイトを休ませてもらい、すぐに向かった。

思ったよりも厳しい状況で、今夜が山場と言われた。

意識不明の重体で、心拍数もあまり安定していなかった。

でも、僕が父の病室に入ってから父の様子が変わった。「意識はなくても耳は聞こえてるから声を掛けてあげて」とマミーに言われ、「お父さん」と声を掛けた。

すると、心拍が安定しだして、少し良くなった。僕の声が届いたようで嬉しかった。僕は次の日もバイトがあったため、その日東京に帰ることになった。

父はそれから容態が安定し、意識不明のままではあったが何日間か生き続けた。


そして、連絡が来た。

父が息を引き取った。

六十七歳だった。

亡くなる瞬間に立ち会うことはできなかった。ファンキーマミーが息を引き取った後に連絡をくれたのは、東京から来るのは大変だからと気を遣ってくれたからかもしれない。

当時、僕は二十二歳で芸歴は二年目。まだ何の結果も出ていないし、ひと笑いも取れないくらいダメな芸人だった。僕にはお金も何もなくて、何度もすぐに群馬に行く余裕なんてなかった。

父の葬式に喪主として出席した。

作法も何も知らない僕は、何の役にも立たなかった。

お葬式で、父の友人や昔からの知り合いの人達から父の話をたくさん聞いた。

みんなが「人情にとても厚い男だった」と語っていて、父はとてもかっこよかった。自分も死んだときに、みんなが良い話をたくさんしてくれる父のような男になりたいと思った。

僕は父に、芸人になりたいと再び言うことはできなかったが、芸人を目指していることをどこかで知ってくれたようで、僕がテレビに出てくるかもと思って、よく「M－1グランプリ」や「爆笑レッドカーペット」を見ていたらしい。

いきなりそんなの出られるかー！　とツッコミを入れたいところだが、できれば父にテレビに出ている姿を見せたかった。

父も陰ながら応援してくれてたのかな……と思うと、芸人としてさらに頑張らなければと思う。

三男は十七歳で父を亡くした。とてもつらかったと思う。子供の頃は父に怒られて泣いてばかりいたのに、葬式のときには涙を見せなかった。

三男は、父が亡くなったことがきっかけで、将来は医者になると決めた。父のようにたくましく育っていて、現在は医師として立派に働いている。この大変な世の中で医師として頑張っていることを兄として誇りに思う。

さらに、最近結婚したらしい。もう僕は身長も年収も幸せも全て越されている。お幸せに。

四男はというと、今年で二十歳になった。僕ができなかった意志を継いでくれたわけではないと思うが、母が長年お世話になっている病院で働いている。さらに、その父であり、僕の新しい父でもある母の旦那さんも別の仕事をしていたが、なんだかんだあって同じ病院で働いている。僕の家族は病院を支え、病院に支えられている。

再婚するまで母は、本当に仕事と僕のことで目いっぱいだった。夜勤をしたほうが手当がつくからと無理して働くこともあった。そのせいで、好きなものも趣味も何もなかった。いつも家族や僕のことを考えてくれていた。

子供ながらに母にも何か好きなものを見つけてほしくて、いろんな歌手の曲を入れたCDを作って車で流したり、母がごませんべいが好きだと言ったから、お店に行ったら新しいごませんべいを探して母に食べてもらったりした。

それから再婚して、以前よりも母が明るくなった気がした。最初僕は、再婚したら僕は捨てられてしまうかもしれないと思い、再婚にすごく反対した。

でも、新しい父は本当に優しくて、家の中に入ってきた虫も、殺さず外に逃してやるくらい良い人だったから、再婚して本当によかったと思う。

新しい父の運転で家族旅行に行ったり、弟もできて楽しいことが増えた。僕が上京したら母は悲しむかもしれないと思っていたが、新しい父と弟がいれば安心だと思った。

そんな母も、もうすぐ還暦を迎える。

本当にたくさんつらいことがあったと思う。ここまで家族のために一生懸命頑張ってきてくれた母には、これからいっぱい遊んでほしいと思う。今までやりたくてもやれなかったことをたくさんしてほしい。

最近は旅行に行くのが楽しみのようで、いつかキャンピングカーでいろんな場所に行ってみたいと言っていた。母は飛行機が怖くて乗れないので、国内を車で夫婦水入らずで走り回ってほしい。

まだ何も親孝行ができていない僕なので、本を出すという目標が叶った今、次は「親にキャンピングカーをプレゼントする」という目標を掲げ、実現のために頑張ろうと思う。

これが、僕が子供の頃から書きたかったことだ。

「将来有名になって、自叙伝を出す」

人生の最終目標が達成された。後半の部分だけ。「将来有名になって」の部分は、まだまだ全く達成できていません。もっと努力したいと思います……。
でも、本を書くことができて本当に嬉しいです。
生きている意味があったな。

第三章　芸人

僕を救ってくれた職業。

「お笑い芸人」

初めて見たときは、自分がなれるとは到底思えなかった。

でも、なるしかないと思った。

そう決意した高一の夏。母に芸人になりたいと伝えたことで、より一層芸人になる覚悟と憧れが生まれた。

高校を卒業したら上京してすぐお笑いの活動を始めようと思った。

中学時代、高学歴芸人がとてもフィーチャーされていたので、有名な私立大学に行って高学歴芸人になるのもアリかな……などとぼんやりと思って、それなりに勉強を頑張ったら地元の中では偏差値の高い進学校に入学することができた。しかし、高一の夏に芸人への進路が確定したので、もし大学に行って高学歴芸人になる資格を手に入れたとしても、自分には「高学歴」という特徴の前に、目に見えてもっと引っ掛かるものがあるから、高学歴が入ってこないかもしれないし、大学に行くお金を親に出してもらうことになるため、お金がもったいないと思った。

高一の夏に大学進学を諦めたので、残りの二年は勉強ではなく芸人になったら役に立つようなことをしようという気持ちに変わった。

高二のときに、理系と文系でクラスが分かれることになった。文系でも理系でもどちらでもよかったが、理系は数学とか化学の数字を扱う授業が難しそうだったので、文系にした。すると、理系には、頭が良く大人しい人達が集まり、文系は部活動、青春命みたいな僕の苦手とするような人達ばかりの集まりになってしまった。失敗した。

理系にするべきだった。どうせ理系でも文系でも勉強しないいし、大学にも行かないのに。「こいつなんで学校来てんだよ？」という、授業中いつも寝てる人とかノリだけで生きてる人、誰も聞きたくないのに休み時間に演説のテンションで友達にくだらない話をする人……。進学校ではあったが、文系クラスの風紀は乱れていた。

それがすごく嫌で、さらに高校に行くのが嫌いになった。少しでも文系の人達と離れたいと思い、途中から数学を選択して、同じ学年で僕を含め二人しかいない、文理系というカテゴリに変えた。結局数学をやることになってしまった。

高三になり、進路相談が始まった。進学率を周りの進学校と競っているくらい大事にしている高校だったので、「進学はせずに芸人になります」とは絶対に言えなかった。まず、当時の僕は芸人になれそうな雰囲気の陽気な生徒ではなかったので、担任の先生に伝えたところで、パニックに陥らせてしまうだけだった。

そのため、先生には明治大学に進学希望であると伝えた。ＭＡＲＣＨ（マーチ）と呼ばれる五大有名大学の一つなので、先生はとても喜んでくれた。

しかし、結局は仮面受験生であったので、全く勉強せず、勉強している感だけを出すために明治大学の赤本を持ち歩いてみたり、いろんな参考書をとりあえず買って学習室に行ったりしていた。学習室にいたのは、母に車で家まで送ってもらうために母の仕事が終わるまで冷暖房完備の快適な部屋で待っていたかっただけだった。

仮面受験生一成は、センター試験はほとんど勉強しないで受験し、まあまあな点数を出し、担任をなんとか落ち着かせて、第一志望の明治大学は一般入試を受けることにした。群馬の田舎の自宅から東京まで行くのに車と電車を駆使して四時間くらいかかるため、試験の前日に東京に行き、泊まって試験会場に向かうことになった。試験は、夕方くらいまでには終わる予定だった。

夕方以降の予定はなく、滅多に東京に行くこともないし、東京観光でもしようと思った。試験会場は明治大学の駿河台キャンパスだったので、御茶ノ水の近くで遊びに行けそうな場所を調べると秋葉原があった。秋葉原といえば、AKB48。

当時のAKB48の人気は、徐々に国民的アイドルへと成長していっている過程の時期だったので、行きの新幹線の中で秋葉原の劇場公演の抽選申し込みをスマホから送ってみたところ、倍率がそこまで高くなかったのかチケットが当選し、見に行けることになった。

明治大学の試験はというと、ただ赤本を手に持っていただけで全く勉強していない、赤本はファッションの一部受験生一成にはほとんど意味がわからず、試験会場から誰よりも早く退出し、軽やかなステップで秋葉原に向かった。

劇場公演では、チームBが結成されて間もない頃の、初々しいまゆゆやゆきりんを間近で見ることができて嬉しかった。

明治大学の入試は当然のごとく不合格で、センター試験の結果でギリギリ行ける私立の大学に申し込み、担任の先生にはそこの大学に行くと伝えた。

その大学から入学の申込書が届いたが、封を開けることもなく、その大学には行かなかった。先生、進学率を上げられなくてごめんなさい。


高校を卒業し、すぐに吉本興業の養成所、「NSC」に入学することもできたが、入学金の四十万円と上京するためのお金を自分で稼ごうと思った。それに翌年の東京NSCが十五期だったので、自分の好きな数字である「十五」期に入りたいと思った。入学を一年後にして、一年地元でアルバイト生活をしようと決めた。

高校はバイト禁止だったため、初めてのバイト。家から車で五分くらいのところにあるベイシアという群馬では有名なショッピングセンターの食品売り場で働くことにした。

朝九時に出勤し、十八時まで。それを週五。時給八百円。品出しをしたり、レジをやったり、結構忙しかった。

バイト先の人には、浪人生だと伝えていた。一年バイトをしながら勉強をして、来年明治大学に入りたい、と。バイト先と高校が結構離れているため先生に会うことはなく、助かった。

　バイト先のパートのおばさま達がとても優しくて、雰囲気の良い明るい職場だった。力のある若い男手は重宝されたので、力のない若いだけの僕もみんなのために頑張ろうと思い、一つ十キロ以上もあるビールケースを二つ重ねて運んだり、高く積まれたセール商品の箱をどかして新たなセール商品に積み直したりなど、積極的に頑張った。頑張りすぎた結果、腰の小さな骨を疲労骨折し一週間くらい寝たきりになり、バイトも一ヶ月休むことになったりもした。

　週五で頑張った甲斐もあり、一年で百万円貯めることができた。ただのフリーターとして過ごしたこの一年はとても楽しかった。


　その貯めたお金で、お笑い芸人になるために東京に向かった。

　東京には怖いイメージしかなかった。連日ニュースで報道される凶悪事件の現場が東京であることが多かったからだ。上京の前の年に、あのまゆゆやゆきりんを見て感動した秋葉原で、歴史に残る無差別殺傷事件が起こった。群馬でそのニュースを見て、完全にビビってしまい、東京に行かずに群馬で芸人として頑張る方法はないかと真剣に考えたこともあった。

それくらい、できれば東京には行きたくなかった。

でも行くしかなかった。

そこで、親戚のおじさんが一人東京に住んでいたので、何かあったらそのおじさんを頼ればいいからと母が話を通してくれて、おじさんの家に母と向かった。おじさんの住む地区は、東京の中でも治安が悪いと噂される足立区だった。気を失いかけた。おじさんの家が近いのは心強いけど、足立区だったら危険に巻き込まれるリスクが高い気がした。

でも、知り合いが近くにいるほうが安心かもしれない。というか、東京の何区だったら安全なのかがわからなかった。あと、何区でも安全とはいえない。

ということで、おじさんと同じ足立区に住むことにした。三人で不動産屋に行って物件を探した。物件を探すのは初めてだったし、東京に来てすぐに芸人として売れる訳もないと思ったので、家賃四万円のアパートを内見してすぐにそこに決めた。エアコンは付いていなかったけど、お風呂とトイレがあればそれで満足だった。


ＮＳＣが始まった。

週に三、四回授業があって同期は最初千人くらいいた。でも、軍隊のような場所で、授業が始まる一時間前には教室にいなければいけない。もし間に合わなければその日授業は受けさせてもらえず、家に帰らされる。教室に入るときに大きな声で挨拶をしないと一つ上の期の先輩にキレられる。授業中にケータイの音が鳴ってしまったら、坊主にしてくるか、ケータイをその場で破壊するしかない。ボイスという発声の訓練をする授業で、口臭チェックがあり、口が臭い人は帰らされる……などと、漫画のようなとても厳しい規律があった。

千人いた同期は、半年も経たないうちに半分以下になっていた（ちなみに現在のNSCは、授業を休んだら心配の連絡が来ることもあるくらい優しくなったようです。ですので、これから入学を考えている方安心してください。素敵な養成所です）。

鬼越トマホークの金ちゃん、いぬの有馬君と太田君、ニューヨーク嶋佐君は同じ一組で同じ授業をよく受けていた。ネタ見せで講師の先生に評価された人はクラスの中でも一目置かれる存在になっていき、クラスの中にヒエラルキーができていた。

僕はずっと一番下だった。ただ、真面目な性格ではあったので、授業はほぼ皆勤賞だった。唯一休んでしまったのは、自分の好きな芸能人が「フライデー」に載ったときにショック過ぎて微熱を出したときだけだった。

授業にたくさん出たから偉いとか、真面目に取り組んでいるから偉いという、今までの学校の評価基準は全く通用しない。ただとにかく目立つ人、面白い人が評価される世界だった。高校時代の明るい人達を思い出した。高校のときにあのノリができなかった僕は、ここでもやはり殻に閉じこもることしかできなかった。

僕はなかなかコンビを組めずにいた。他のコンビを組んでいる人やピンの人は、もうネタ見せを始めている。どんどん焦りが生じた。

入学から一ヶ月が経ち、なんとか声を掛けて、コンビを組むことができた。背は低く髪の毛は金髪で日サロに通っているのか、こんがり焼けた肌のチャラそうな十八歳の男の子だった。

家の方向が一緒だったのがきっかけでコンビを組み、NSCのある神保町から電車で家に帰っているときにコンビ名を考えた。

「フレンズ」

普通に出会っていたら絶対に友達にならなそうな二人だった。

二日後にあるネタ見せで、ネタをやろうと話をしていたが、その当日に連絡があり、「コンビを解散したい」と言われた。まだネタ合わせすらやっていなかった。彼はその日のネタ見せで、ピンでネタをやっていた。フレンズは消滅した。

それから、別の人とコンビを組むことになったが、皆自分と同じで誰ともコンビを組めずにネタ見せができないでいた人達だった。お互い余り物感があって、同じクラスの人達とも親しくできないまま二人でネタ合わせをほぼ毎日繰り返した。

ネタ合わせをたくさんして、ネタ見せでやっと講師の人や同期にネタを見てもらう。でも、全くウケない。それで自信をなくし、相方はNSCを去っていき、また自分は一人になり、また誰かとコンビを組むということを繰り返していた。六人くらいの人とコンビを組んだが、誰とも長続きしなかった。

最後に組んだ相方は、すでに小説を何冊も出版している作家の人で、芸人になるつもりはなく、NSCに通ったという経歴とネタ探しのために来ていた。でも、一番一緒にいて楽しかったし、心を許せる相方だった。お互いの好きな食べ物を組み合わせたコンビ名にしようということになり、僕はそのときお金がなさ過ぎて毎日たまごかけごはんを食べていたので、「たまご」にして相方は「にら」が好きということで、「にらたま」というコンビ名になった。

僕が書いたネタを面白いといつも言ってくれた。ネタ見せの授業で僕がPerfumeさんのダンスを踊るコントをやり出したら、講師の先生にも徐々にだが、評価してもらえるようになってきた。

やっと自分もきっかけを摑《つか》み出したと思ったその矢先だった。

ある日突然、NSCの特別授業でレギュラー松本さんがいらっしゃるということになり、全生徒が教室に集められた。特別授業に出席しないとクビになると言われていたので、みんなバイトやいろんな予定をキャンセルして、授業に出席したに違いない。

僕もみんなと同じくクビにならないために特別授業に出席した。講師がレギュラー松本さんということで、僕は「田舎に泊まろう!」で出会って以来、四年ぶりにお会いできることになったのだが、初めて会ったときとは立場が違うし、松本さんが一度会ったきりの一般人のことを覚えている訳がないだろうし、挨拶をしたほうがいいのか、初対面の感じでいけばいいのかすごく悩んでいた。もし、松本さんが僕のことを奇跡的に覚えていて、僕が挨拶にいかなかったらクビになるかもしれないという不安でいっぱいの中、松本さんの特別授業が始まった。

松本さんがお笑いの仕組みを神妙な面持ちで教えてくださっている間、松本さんの近くにカメラがあることに気づいた。今日の特別授業はどこかで放送されるのかもしれない。もしも僕の首が俯《うつむ》いて見える角度で撮られてしまい、それをNSCの偉い方が見たら、居眠りをしていると勘違いされてクビになるんじゃないかという新たな不安も生まれてしまった。こうなったら一瞬たりとも松本さんを見逃さないように、追尾機能があるペットカメラのような動きで松本さんを凝視しながら早く授業が終わるようにと願った。

たまにカメラが僕を撮っているような感覚になる。やばい、松本さんを全力で見過ぎてカメラマンさんに目をつけられてしまったのかもしれない。松本さんを凝視していじっていると判断されてしまったのか？　最悪だ。僕はもうクビかもしれない……。

そんなことを思っていた瞬間、教室のドアがバッと開いた。

ドアの奥から勢いよく入ってきたのはレギュラー西川さんだった。僕はこれから何が起こるのか全くわからなかった。

西川さんが生徒たちに説明をしてくださった。実はこの特別授業は嘘で、四年前に「田舎に泊まろう！」でレギュラー松本さんを家に泊めたあのときの少年を呼び出すための口実だった、と。

ん？　思考が停止したままだった。あのときの少年？

何故こんなことになったかというと、後日母から聞いた話だが、少し前に実家に「田舎に泊まろう！」のディレクターさんから電話が掛かって来た。「あれからご家族に何か変わりはありませんか？」という内容の電話だったようだが、そこで母がすかさず僕の宣伝になればと思い、ディレクターさんに伝えた。

「私と同じ看護師を目指していた息子が、レギュラー松本さんに出会ったことがきっかけで今、吉本の養成所に通っているんです」

ディレクターさんは、面白いことになりそうだと思ったらしく、正月特番で放送するスペシャル回として、僕はレギュラーさんに四年ぶりにお会いすることになった。

西川さんが言った。

「星野一成くん！　前に出てきてください！」

星野、一成？　……誰だ？　……えっ自分？

自分を自分と認識するのに時間が掛かった。状況を理解した上でとてつもない羞恥心が襲ってきた。今まで全く目立っていなかった、ＮＳＣでも五軍のままだった僕が、急に同期の前に立たされてカメラの前でレギュラーさんと話をしている。さらにカメラはスタジオと中継が繋がっていて、司会の徳光和夫さんや、ゲストの芸能人の方がその様子を見ていた。

それに加えて、中学のときにコンビ「三重とび」を組んでいた相方も、音声さんの変装をしてその場にいた。三重とびでのショートコントを急に振られて、訳も分からず披露し、めっちゃスベって徳光さんに、

「三重とびじゃなくて三重苦だね」

と言われ、同期からは冷ややかな目で見られ、もう頭の処理が追い付かずパニックになった。

その後もまだ僕を許してはくれず、

「これからにらたまの二人には徳光さんのいるスタジオでネタを披露してもらいます！」

もうひと展開あるの？　しかもにらたまで？

にらたまの相方は、今日これが起こることを知っていた。ドッキリを仕掛けられる立場の僕と打ち合わせができない分、全て相方がディレクターさんとやり取りをしてくれていたようだ。相方よ、できればこっそり事前に教えておいてほしかったよぉ。

そして、僕と相方はすぐにレギュラーさんと共にロケバスに乗せられ、テレビ東京に向かい、徳光さんや観覧のお客さんに向けてネタを披露することになった。

芸人というか、まだNSC生ではあるが、初舞台が人気番組の正月スペシャルというのはヤバ過ぎた。

さらに僕にプレッシャーを掛けるかのように、お客さんが並んで座っている客席の最前列に、母と新しい父、弟がいた。家族も僕には秘密にしていた。みんな、言ってよぉ。

家族には一度もネタを見せたことがなかった。もういろいろあり過ぎて僕の脳はショートしかけていた。緊張も通り越した無の境地だった。披露したのは、何回も相方とネタ合わせをしていたPerfumeさんのネタだったので、ネタを飛ばすこともなく、観覧のプロといってもおかしくないようなお客さんの力強い笑い声のおかげで、とても気持ちよくできた気がする。今見たら全然面白くないと思うが。

ネタを披露した後、トークコーナーもあり、高校時代に将来芸人になると決意したときに書いたノートなどが自宅から押収されて披露され、とても恥ずかしい気持ちになった。その一方で、初めてスタジオ収録というものに参加できた嬉しさみたいなものも、終わり間際には感じられるようになった。

でも今回は芸人としてテレビに出たのではなく、一般人として自分は呼ばれたという認識だったから、これはノーカウントだと思った。収録終わりで、家族と会って話もできたし、中学のときの相方にも会えたので、最終的には良い一日だったなと思えた。

でもそれは本当にその日だけだった。

この番組のために特別授業だと言われ、参加してくれた同期達。こんな奴いたっけレベルの僕のために時間を浪費させられたことに対する怒りと、「『田舎に泊まろう！』に出たからって調子に乗んなよ」的な、直接は言われないけど陰の圧力みたいなものを感じるようになった。本当はそんなことなかったかもしれないが、自分と同期の距離がどんどん離れていく感覚になった。「田舎に泊まろう！」により、またしても高校のときと同じようなことになってしまった。

着実に面白くなっていく同期達。運だけで、ちょっと早めにテレビに出ただけの男。雲泥の差があった。

それでも、テレビでにらたまを知ってもらえるチャンスがあったし、これからの活動に少なからず良い影響はあるだろうと思っていた。NSC卒業までまだ時間はあった。これから頑張っていこう。そう思っていたときに相方に言われた。

「俺、NSC辞めるわ」

突然のにらたま解散。まあ、事前に芸人をやっていくつもりはないとは言っていたが、NSCは卒業するだろうと思った。だからにらたまとしてネタ見せを頑張って、同期にも名前を覚えてもらってから辞めるのだと勝手に予想していた。

しかし、にら担当の彼は、NSC生の間にテレビに出てネタを披露できただけで、満足したようだ。これ以上のイベントはもうないだろうということで、あと二ヶ月くらいで卒業なのにひっそりと辞めていった。

ということで、僕はやっと前に進めると思っていたところで振り出しに戻ることになった。すごろくでゴール近くの「スタートに戻る」のマスに止まってしまったようだった。

そして、また一人。

もう新たにコンビを組めるような時間も同期もいなかった。

そんなときに、NSCの最後の総まとめ、卒業公演の季節になった。

今は変わっているかもしれないが、当時はこの卒業公演に出演ができなければNSCの卒業資格をもらえず、その後クビと同じ扱いになるというルールがあった。

その卒業公演に出るためには、NSCのネタ見せ、それ以外のダンスやボイスなどいろんな授業の中でどれか一つでも選抜クラスに選ばれるのが条件だった。授業は、初めのうちは出願順でクラス分けされたクラス毎に行われるが、夏頃から徐々に優秀な生徒は選抜クラスというところにまとめられ、選抜された人達のみで授業やライブに出たりするようになっていく。その選抜クラスの人達が卒業公演で、やってきたことを披露する。

選抜クラスも入れ替えがあり、最後の最後に選抜クラスに入れなければ卒業公演には出られない。

僕はというと、熱を出して休んだ日以外、欠席をしていない。真面目に真剣に授業に取り組んできた。

それなのに、どの授業にも選抜クラスに入れていなかった。以前は選抜クラスだったが今は違う……ということもなく、ずっと選抜ゼロのまま卒業間近まで来てしまっていた。

ダンスの授業は、運動神経のなさにより最初から選抜は諦めていたし、ボイスは、歌であればなんとか入れるかもしれないと思ったのだが、最後の選抜クラス分け試験の課題曲が早口言葉のような歌で、滑舌の悪い僕には不利だったし、その上サイドステップをしながら手を叩いて歌うという、ここでもまた運動神経が必要になり、前日家で寝ずに練習したけれど試験本番は緊張で全然ダメだった。

一番かっこいいのは、ネタ見せの授業で選抜入りしている人達だった。自分もそうなるためにNSCに入ってからコンビのネタを書き続けていた。もう少しすれば選抜に入れるかもしれない……というところでのピン芸人。

こんな終盤でコンビを組む人はいないし、ピンの人はそれなりにもうピンで完成されてきていた。今からコンビを組めそうにない。

ピンでネタをやろうにも、「田舎に泊まろう！」の一件で、同期の前で何かをすることにトラウマを抱えていた。そのため一度もネタ見せはできず、ネタ見せで選抜に入る可能性はゼロだった。

卒業公演前に、生徒全員が出演できる十五期の首席を決めるための予選があった。そこにピンネタで出演した。ひと笑いも取れず、結果は下位三組に入っていた。

選抜クラスに選ばれた人達が卒業公演に向けての練習を始める中、一つも選抜に入れなかった人達が集められた。二十人くらいいた。本当はもっといたのかもしれないが、選抜に入れなかった時点でNSCを辞めたのかもしれない。

NSCの偉い方から「卒業公演に出られない君達は卒業できないから、吉本興業に所属はできない」という説明を改めて受けた。絶望した。

もう僕は芸人になれないのか……。

上京するときに知り合いの連絡先を全部消して、売れるまで芸人をやっていることを隠そうと思っていたが、「田舎に泊まろう！」が放送されたことにより、上京して一年経たずにバレた。売れない芸人というのが、田舎ではどれだけ恥ずかしいことか。家族の生活にも関わると思った。それなのに、売れない芸人どころか、芸人にもなれないなんて。お笑い芸人ではなく地元の笑い者になってしまうかもしれない。まずい。

そんなとき、一人の男が声を上げた。

「何がなんでも卒業公演に出演させてもらえるようにみんなでお願いしに行こう」

その男はジーコジャパンという名のピン芸人だった。

藁《わら》にも縋《すが》る気持ちでいた僕ら卒業できないメンバーは、ジーコジャパンに賛同して、N

SCの偉い方に気持ちを伝えに行った。

するとその偉い方は僕たちにこう言ってきた。

「じゃあ、明日から一ヶ月毎日神保町と教室のゴミ拾いをしたら卒業公演に出してやる」

希望の光が差し込んだ。ジーコジャパンによって。

その翌日から朝八時くらいにNSCの最寄り駅である神保町駅にジーコジャパン率いる卒業公演出られない日本代表は集まり、駅前からゴミ拾いを始め、あらゆるゴミを拾った。

バイトや用事がある人もいるので、来られる人で毎日やっていこうとなったが、二十人くらいいたジーコジャパン代表メンバーは、ほとんど来ておらず、ジーコジャパンと僕と数人だけで掃除を頑張っていた気がする。

神保町の掃除が終わったら教室の掃除に取り掛かる。

しかし、教室では選抜クラスに選ばれた同期達が卒業公演の練習をしているので、授業が終わるのを待たなければいけない。それを、真冬の外の階段で並んで立ち、震えながら待っていた。

つらいのは寒さだけではない。

授業が終わり、教室から出てきた同期達一人一人に向かって、

「お疲れ様でした！」

と言わなければいけなかった。

一期上の先輩に「今のところ卒業できないお前らは同期よりも下の奴らなんだから、すれ違ったら大きな声で挨拶しろ」と言われていたからだ。とても屈辱的な挨拶だった。自分は底辺の人間なんだと少年時代に思った気持ちが甦った。最初は同期から挨拶されることに戸惑っていた選抜の人達も、僕らが格下だとわかったのか、自然と僕らを無視していく人も出てきた。挨拶をしてすれ違っていく彼らに、「テレビに出てた奴、卒業もできないのかよ」と鼻で笑われているような気がした。

「っていうか、その顔でテレビとか出られるのかよ」

と、前にボケっぽく同期に言われたことも思い出した。

俯くしかなかった。

でも、すべて自分のせいだった。この世界では、人見知りだからとか、前に出るのが苦手だからとか、そんなこと言ってたらすぐに差がついて取り残されていく。助けてくれる人なんていない。自分ですべて越えていかなくてはいけない世界。

僕たちは、一心不乱に一ヶ月清掃を続けた。

そして、約束通り卒業公演に出演させてもらえる権利を手に入れることができた。とはいえ、他の選抜の人達と一緒に出演するのではなく、ライブのオープニングアクトとして、あくまでも前座だった。

そのオープニングアクトで何をするかというと、それぞれ一人一人が、自分が面白いと思う格好をして、舞台上をただ練り歩くというだけだった。

その名も「出オチカーニバル」。

選抜の人達が、連日練習して完成度の高い演目を行う中、僕らはおかしな格好をして舞台上を少しの時間歩くだけ。当然、選抜の人達からは「出オチ組」と呼ばれ、馬鹿にされていた。また悔しい思いをした。

それでも僕は、卒業公演に出演できるだけで嬉しかった。

まだ芸人になるチャンスをもらえているだけで前を向くことができた。

これも全てジーコジャパンのおかげ。年上でしっかりしていて優しくて良い人だった。数年でいつのまにかいなくなってしまったが、本当に感謝している。

ありがとうジーコジャパン。

清掃に参加してなかったのに、最後のＮＳＣの偉い方との挨拶のときだけ来て、卒業公演に出る権利をもらうせこい人もいた。まあ、それは別によかった。こんな大事なときでさえ楽をしようとする人はこの先すぐ辞めると思ったから。

ということで、なんとか卒業公演に出演することができた。

ちなみに、出オチカーニバルでは、真っ白の全身タイツに体中にＣＤを貼り付け、シティボーイならぬシーディボーイというのをやった。胸の心臓のところだけＣＤではなくブルーレイディスクになっているというこだわりもあった。ややスベりだった。

そして無事吉本興業さんに芸人登録していただけることになった。自分のプロフィール用紙を書いて提出したとき、すごく嬉しかったのを覚えている。

ピン芸人、「ホシノ・ディスコ」として登録した。最初はPerfumeさんの「ワンルーム・ディスコ」に寄せて全部カタカナ表記にしていた。

とても厳しい養成所ではあったが、お笑い以外にも、社会で生きていく上で必要なことをたくさん学ばせていただいた。東京NSCに行って本当によかったと思っています。芸人を目指している皆さん、是非NSCへ。

二〇一〇年四月、晴れて芸人としてデビュー。毎月吉本の本社でネタ見せをして、それに合格すると翌月の一番ランクが下のライブに出演できた。ネタ時間は一分。お客さん投票で一位になると上のランクに昇格する権利を争うバトルライブに出演できる。

僕はというと、まずネタ見せに合格するのが二ヶ月に一回くらいだった。投票の結果下位三組に入ってしまうと翌月のライブのお手伝いをしないといけなかった。チケットがノルマ制でお客さんを呼べる人は上位に行けるし、お金も減らないのだが、友達も知り合いも誰もいない僕は一人も呼べず、よく下位三組に入ってライブの手伝いをして、チケットも自分で買い取っていた。

コンビを組みたいが組める人が見つからないまま、月一回一分のライブがあるかないかだけの芸人活動の一年。ライブ以外だと、芸歴が若い人達が駆り出される、LIVE STAND、単独ライブなどのイベントスタッフの仕事くらいしかなかった。この仕事は若手芸人として勉強のためにも必要なことではあると思う。

ただ群を抜いて大変だったのが、人気、実力ともにトップクラスの大先輩漫才コンビのさいたまスーパーアリーナでのライブで、ライブの前日終電間際に会場入りし、会場の設営から行うことになり、重い箱馬や鉄パイプをたくさん運んで金槌《かなづち》で釘を死ぬほど打った。初めてのことで手際が悪かったのか、年季の入った作業服を着たいかつい人にめちゃめちゃキレられたりした。

設営が終わり、朝、始発で家に帰って、四時間くらい寝て、またさいたまスーパーアリーナに行って会場スタッフをやり、ライブが終わったらすぐにステージの解体をしなければいけなかった。退館時間があるため、撤収作業はさらに技術のプロ達の怒号が飛び交っていた。終電前に帰ることができたが、キツ過ぎて初めて電車で立ちながら寝た。さいたまスーパーアリーナに行く度にこれを思い出す。ただその大先輩のライブは最高に面白かったです。

芸歴一年目の冬。R‐1ぐらんぷりに出場し、一回戦で究極にスベる。ピン芸人に限界を感じていた。R‐1の会場で、NSCで同じクラスだった同期に会った。彼もピン芸人で、出オチ組のメンバーでもあった。お互い一回戦の結果を見なくても落ちたのがわかる仲間として一緒に会場の新宿シアターモリエールを出て、近くのお店でお茶をすることになった。そこで、お互い慰め褒め称《たた》えあったところ意気投合し、コンビを組もうという話になった。

僕は相方を探す上で、できればイケメンの男性と組みたいという願望があった。その理由は、少しでも自分の顔のマイナスを相方で補いたかったから。でないと、人気は出ないと思った。NSCで組んできた相方達は正直イケメンではなかった。まずもうイケメンがいいとか言っていられないほど、相方候補がいなかったから、組んでくれる人なら誰とでもコンビを組んでいた。

それでいうと今回の彼は九州男児で少しハーフっぽい感じのイケメンだった。最高だった。ネタ見せの授業でネタをやっているのを何回か見ていたが、ネタに関しては特に光るものはなかった(自分が言えるレベルではなかったが)。とにかくイケメンであればいい。

こうして彼とコンビを組むことになった。

コンビ名はカーディガン。これは僕が提案した名前だった。語源は、Perfumeさんが少し前にスウェーデンのバンド、カーディガンズの曲をカバーしたところから来ている。これは、相方には伝えていなかった。これを言ったら却下されるかもしれなかったから。

ボケとツッコミの役割はネタごとに変えたりしていた。器用だから両方しているのではない。どちらもしっくりこなくていろいろやっていただけだった。

最初はお互いにネタを書いてきて交互にライブでやったりしていたが、途中から僕がネタ作り担当になった。

相方はネタ作りの代わりにその輝くフェイスを使って、チケットノルマを毎回クリアしてくれた。さすがイケメン。芸歴二年目の全く無名の状態で、吉本男前ランキングで五十位にランクインしたイケメン。頼もしかった。

しかし、徐々に僕と相方の人気のバランスが一対九くらいまで開いていき、全く面白くはないが相方の人気だけでなんとか持っているコンビになっていく。応援してくれる人もネタを見に来ているのではなく、ライブが終わった後に相方の出待ちをして話したくて来ている人ばかりだった。僕は本当に人気がなかった。

出待ちのとき、僕も相方の隣にいるのに一度もこちらを見ることのない人もいた。相方は優しいから僕に話を振ってくれたりしていたが、僕の声すらも耳障りのようなその態度が鋭く胸に刺さって、話すのがつらかった。

でもそれはお客さんのせいだけではなかった。僕も人見知りが爆発していて、知らない人といきなり面と向かって至近距離で話さなければいけない出待ちが苦手だった。たまにマンツーマンで話すことになったとき、話している途中で話す距離が近いのがしんどくなってどんどん後退していき、話している相手も僕と一緒に移動するものだから、気がつくと相方と三十メートルくらい距離が離れていたこともある。そりゃ人気出ないな。

ネタのほうは全く上手くいかなかった。コントをやっても、漫才をやっても手応えがない。お互い喋り方がおっとりしているタイプでツッコミが下手だったので、漫才は特に絶望的だった。相方が、面白い漫才のネタを何回も見て文字起こしをしてくれたことがあった。ストリークさんという野球漫才をされていた先輩のネタだった。

ストリークさんの漫才はめちゃめちゃ面白かった。野球にあまり詳しくなくても笑える仕組みになっている素敵な野球漫才だった。ただ、相方も僕も野球が好きな訳でもないし、ストリークさんは関西弁だし、なぜストリークさんの漫才を書き起こしてきたのかは謎だった。

そこから僕が導き出した答えは、自分達にも何かわかりやすいキャラクターが必要なのかもしれないということだった。自分にぴったりなキャラクターとは……?

次のライブの日、僕は喪服姿で手には仏壇前にある〝りん〟を持ちセンターマイクの前に立っていた。そのネタは、僕が悲しい自虐を言ってその後にりんを鳴らすという幸薄い哀しい男キャラ漫才だった。僕にはピッタリのキャラではあった。ただ会場は本当にお葬式のような空気になった。この一回でこの漫才は封印されることになった。

ヨシモト∞ホールにずっと出演させていただいていたが、そこではスベった記憶しかなかった。吉本所属の若手芸人がランク分けされるピラミッド形式のライブで、僕らはいつも一番下のランクだった。一度も上のランクに昇格できたことはなかった。一番下のランクには一番下なりの戦いがあった。ほとんど無名の芸人達の中で印象に残ってお客さんに投票してもらうためには、明るくてポップなネタが必要だったが、今まで陰キャとして人生を過ごしてきた自分には、明るいポップなネタは思いつかなかった。僕が思いついた一番明るいネタは、にらたま時代にやっていたPerfumeさんのネタだった。

ライブのエンディングには、出演者全員が集まり、ガンガン前に出ることのできる芸人達の一発ギャグや特技披露の時間が始まる。僕達は何もすることができず、いつも一番後ろの位置から見ていた。ネタをやっているとき以外で人前に立つのが怖かった。ネタがウケていたのなら、ただ見ていてもいいかもしれない。ネタもウケていないし、前にも出られない、暗い男。芸人に向いていなかった。

NSCのネタ見せの授業もされていた、作家の山田ナビスコさんのライブに出ることができなければ売れる道はないと周りの芸人の中で囁《ささや》かれていた。僕らは一度も出たことがなかった。

一度だけそのライブに出るためのオーディションに参加できるチャンスをいただいて、ネタをやらせてもらったが、全くダメだった。

同期の今活躍している人達はみんなそのライブに出ていた。テレビに出始めた人達、ピラミッドの上位にまで勝ち上がっていくニューヨーク。同期との差をどんどん感じるようになり、ライブや吉本本社で同期とすれ違ったりするとき、もう自分のことなんて誰も知らないだろうと思い、後輩のフリをして元気よく挨拶をしていた。挨拶をする度に出オチ組の記憶が甦った。

コンビを組んで二年、全く良い結果は出なかったが、コンビ仲はとても良かった。ネタ合わせはほぼ毎日していたし、ライブ前とライブ終わりによく二人でごはんを食べに行った。相方と組むまで、僕は一人ではどこのお店にも入れなかったので、相方につけ麵を教えてもらってとても感動した。よく渋谷の麵屋武蔵に二人で行った。

相方は途中で、バイトの稼ぎがよくなって、僕がネタ作りであまりバイトに入れてないことを気にかけてくれてネタを書いたら千円くれるようになった。そのことに喜びを感じると共に、お金をもらっているんだからちゃんと面白いネタを書かないといけないというプレッシャーも増えた。今まで以上にネタ作りに集中するために、ゲーム、アニメ、漫画などの娯楽を全てやめた。バイト以外の時間を、すべてネタを考える時間に当てた。

今までいろんなネタを書いてきたが、やっぱり自分が好きなネタをやろうと思った。どうせスベるなら自分がやりたいネタでスベろう。

今までやってこなかったスタイルのコントを作ってやってみた。

思ったより良い反応があった。その日のお客さん投票では一位にはなれなかったが、ライブ後の作家さんのダメ出しをもらう時間で初めて褒めてもらえた。

やっと動き出した気がした。

その年のキングオブコントで、それまでずっと一回戦落ちだったのに、初めて二回戦に進むことができた。すごく自信に繋がった。

これから頑張って上に昇格していこうと思っていた。

そんなとき。

相方が芸人を辞めると言ってきた。

就職をするために芸人を辞めたいようだ。結婚も考えているらしい。

自分は止めなかった。相方がバイトのお金でどんどん裕福な暮らしをしていくにつれ、お笑いへのモチベーションが下がってきていることに気づいていた。でもそれは、僕が良いネタを書けていないのが悪い。良いネタが書けて、売れる見込みがあるならば、相方は辞めるなんて思わなかったはずだ。

自分に自信がなかったから引き止めることはできなかった。

芸人を辞める決意をするのは簡単なことではない。相方もいっぱい悩んで出した答えなんだろうと思った。

今まで組んだ人達には抱かなかった、解散への寂しさがあった。

それだけ今回の相方との関係は濃密だったし、できればこのコンビで売れたかった。

コンビを組んでもうすぐ三年というところでカーディガンは幕を降ろした。

芸歴四年目の秋、僕はまた一人になった。

ライブでたくさんの芸人に会っても、尖《とが》っている訳ではなく単純に人付き合いが苦手で、いつも相方としかほぼ喋らず、同期も同期と思わずほとんど交流のないまま、ここまでやってきてしまった。だから本当に孤独だった。今から新たにコンビを組めるビジョンは全くなかった。


吉本興業を離れることにした。

養成所も入れると五年近くお世話になった吉本興業さん。本当にたくさんの経験をさせていただいた。吉本さんの層の厚さに感服したし、芸人と社会の厳しさも学ばせていただいた。あの五年があるから、僕は礼儀や人との繋がりの大切さを知った。同期のみんなの活躍が自分の尻を叩いてくれたから、諦めず頑張ってこられたと思う。

誰にも辞めることを告げないまま、誰にも惜しまれることもなく、僕は一旦ただのフリーターに戻った。

でも、芸人を諦めようと思うことは一切なかった。

むしろ、絶対に売れようと思った。絶対に這《は》い上がる。子供時代の生きる理由が見えなかった日々の苦悩に比べたら全くつらくなかった。

辞めた後、自分のやるべき目標として掲げたのが、他の事務所に所属することだった。

入りたい事務所はもう決まっていた。年末にいつも来年の目標を紙に書いて壁に貼っていたのだが、二〇一三年の年末、そこに書かれた文字は、

「マセキ芸能社に入りたい」

だった。

お笑い芸人の中で一番尊敬し、憧れていたバカリズムさんがいる事務所に行きたいと思った。そしてマセキ芸能社は、自分がお笑いに出会い、僕を救ってくれた原点、「笑う犬の冒険」に出演されていたウッチャンナンチャンさんの所属事務所だ。

「必ずマセキに入る」と初詣で何度も願った。

それから、マセキに所属するためにマセキタレントゼミナールを受講し、そこで不思議な少女と出会い、お試しでコンビを組む。

それが「パーパー」。

これからパーパー編が始まる。パーパーについては、その話だけで一冊書けるかもしれないくらい、いろいろあり過ぎて書き切れない。

それはまた『星屑物語Ⅱ』で。あれば。

第四章　味は薄いけど濃い思い出

歌手

僕の人生を救ってくれたアーティストの二組。Perfumeさんとクリープハイプさん。

Perfumeさんに出会った高三の夏。

コマーシャルで流れてきた衝撃的な耳をつくサウンドに惹かれて思わず画面を見ると、かわいい女性三人が踊りながら歌っていた。すぐにネットで調べて、Perfumeさんが歌う「ポリリズム」という曲だとわかった。それまで見たことない種類のコマーシャルでインパクトがすごかった。ポリリズムの歌詞通り、あの光景が甦るの。

そこから、Perfumeさんの虜になり、CD、グッズ、一ページでも載っている雑誌など、Perfumeさんが関わっているあらゆる物を集めるようになった。

CDに至っては、好きな曲のCDはミルクボーイさんのネタのように「こんなんなんぼあってもいいですからね」精神だったので、同じものを五枚も買ったりしていた。鑑賞用、保存用、CDをオブジェとして飾る用、そして、もし火災などにあった場合のために他の場所で保存する用など、用心に用心を重ねていた。

Perfumeさんの凄いところは、歌とダンスはもちろんなのだが、三人の人柄の良さである。

いつでも感謝の気持ちを忘れないし、ファンに対しての気遣い、皆を楽しませようとするサービス精神など数え切れないほど素敵な心をお持ちになられている。

さらに、トップアーティストになるまでにいくつものつらく厳しい経験を乗り越えられてきているが、それを下積みと思わない前向きな気持ちで、三人でここまでやってこられているというのが、ファンとしては堪《たま》らなく心を動かされるのである。

自分と同世代の方がこんなに素敵で、人を魅了し続けていることに感動して、自分もPerfumeさんのように何があっても挫《くじ》けずに頑張る精神を養っていこうと思った。

初の日本武道館公演で、夢を叶えて涙する姿に自分も涙し、自分もお笑い芸人になっていつか絶対にPerfumeさんにお会いしたいという夢を掲げた。

そして僕は自分が上京するタイミングに発表された曲「ワンルーム・ディスコ」からディスコをお借りしてほしのディスコという名前になったのであった。

クリープハイプさんを好きになったのは、まだ僕がパーパーを組む前のコンビ、カーディガンとして活動していたときだ。

当時の僕は、公園や外でネタ合わせをするのが恥ずかしくて嫌だった。人が通る度に意識がそっちにいってしまうし、自分のネタに自信もないので見られたくなかったのだ。僕が相方に「カラオケ店でネタ合わせをしよう」と提案すると、相方は特に恥ずかしいという気持ちはなかったようだが、暑いのと寒いのが苦手だったため、スムーズに受け入れてくれた。以来、ネタ合わせはいつもカラオケ店でやっていた。

カラオケ店でネタ合わせをしていると、部屋のモニターではDAMチャンネルの映像がずっと流れていたが、合間にたまに見るくらいで特に気にはしていなかった。

ところがある日、いつも通りネタ合わせをしていると、意識を持っていかれるほどの歌声が耳に入った。女性なのか男性なのかもわからない。とにかくとてもキーの高い声だった。性別を確かめるために、最初からコントの演技プランとしてあったかのように遠くを見つめる仕草でモニターを眺めると、前髪の長い人が歌っている。ところどころでしか顔が映らないのでよく判断できず、相方にネタ合わせを中断して顔を確認する時間を設けてもらった。すると、男性だった。それは、「憂、燦々」を歌う尾崎世界観さんだった。

衝撃が走った。男性でこの声？　かっこいい！　一瞬で魅了された。もうその日はネタ合わせどころではなかった。

帰り道でクリープハイプさんの情報をスマホで調べ、いろんな曲を聴いた。

そこから、クリープハイプ沼にハマっていき、私服はいつもクリープハイプさんのライブTシャツを着るようになった。

Perfumeさんとクリープハイプさん、この二組には、逃げ出したくなるようなつらい出来事を幾度も支えてもらった。特に、クリープハイプさんの「二十九、三十」という曲の歌詞にある「いつかはきっと報われる」という言葉に何度助けてもらったかわからない。冗談ではなく命を救ってもらっている。お二組とも一生好きだし、恩返ししたいと思っている。

そんな存在に自分はなれるだろうか。

音楽に対してリスペクトと感謝の気持ちがあるからこそ自分ごときにはできないし、やることはないと思っていた。


二〇二〇年、コロナがやってきた。

これによって僕は窮地に立たされた。仕事がほぼない。そして、今後も恐らくない。コロナが収束したとしても自分の代わりなんていくらでもいるし、まずそもそも居場所がない。

政府に自宅待機をさせられながら、もしかしたら僕はずっとこのまま自宅待機の可能性があるなと笑いながら本心では震えていた。

一ヶ月の収入が家賃を払えないほどまで落ちた。終わった。

「三十歳までにある程度結果を出せなかったら、芸人を辞める」という親との約束があり、なんとかギリギリ辞めずに三十歳を乗り越えたのに、その期限の翌年に辞めるタイミングが来てしまった。

世の中もどうなるかわからない。先の見えない不安でいっぱいだった。

そんな頃、カーディガンのときの元相方から久しぶりに連絡が来た。

「元気？」

元相方は、コンビを解散した後、社会人として成功を収め社長にまで上り詰めていた。家族と何不自由ない暮らしをしている。元相方が経営している高級すき焼き店でご馳走になったこともある。もしかしてまたお腹いっぱい食べさせてくれるのか。当時の僕の取り柄はいつでもスケジュールが空いていることだけだったので、すぐ会いに行った。元相方は、僕にこう言った。

「YouTube 一緒にやらない？」

YouTube？　あぁ、今流行《はや》っていて、芸能人とかもみんなやり始めてるなぁ。でも、自分みたいな芸能人の端くれでもないただの自宅待機人がやって誰か見てくれるか？　始めてみたらチャンネル登録者が百人もいかなくて、また惨めな思いをするだけかもしれないなぁ。

と、心の中で思った。

でも、いつでも明るい元相方は言った。

「時間あるならやってみようよ」

そう言われたら何も拒否はできない。時間だけは無限にある。断る理由がない。

「やらせてください」

こうしてYouTubeチャンネルを開設することになった。


撮影初日。元相方は、職場の元同僚で編集ができる、がっきーという人を連れてきた。この人も社長らしい。でも見た目は茶髪だし、チャラそうな服を着ていた。仲良くなれるかなぁ。人見知りだし。

しかしがっきーも僕と同じくらい人見知りだった。僕の一つ年下だし。出身沖縄だし。良い人そうだった。

元相方はYouTubeによくある、顔出しはせずに声だけの出演にしたいとのことで、YouTube上での名前を「声の人」にした。

メインの出演は、ほしのディスコ、声のみの出演は、声の人、編集は、がっきーという役回りが決まり、ほしのディスコちゃんねるが誕生した。

社長と社長とほぼニートという謎の組み合わせ。これは金持ちに操られる貧困男を見て楽しむチャンネルなのか？

あと四ヶ月ちょっとで終わる二〇二〇年の間にチャンネル登録者数を一万人にしたいという無謀な目標を立てた。


ほしのディスコちゃんねるを誕生させてみたはいいものの、ここから先の計画や戦略は何も考えていなかった。一番大事なものがなかった。チャンネル登録者数一万人なんて何年かかるかわからない。もしかしたら何年かかっても達成できないかもしれなかった。

なので最初は、気楽にユーチューバーの真似事をただしようということになった。

家賃も払えるかわからないくらいの給料しかないのに、十万円近くするカメラを購入し、大食いや体を張った企画などオーソドックスな動画を順番に撮っていた。

その頃、YouTubeの中で一番流行っていたのが、ファーストテイク動画だった。

プロのアーティストが一発撮りで歌う「THE FIRST TAKE」。その動画からブレイクしたアーティストや名曲がたくさん存在した。それのオマージュをいろんなユーチューバーや音楽をやっている人、そして芸能人もみんな始め出した。歌手が本業じゃない人の歌う姿は新鮮だったし、想像以上に素敵な歌声を聴かせる人もいて、再生数はものすごい数字を叩き出していた。

僕らもそれに倣《なら》ってやってみることにした。歌を歌うことは好きだが、自分の歌に自信は全くなかった。大好きなクリープハイプさんの歌を歌えればそれだけで満足だった。

クリープハイプさんの「栞」と、自分のプロフィールの特技欄に「女性の曲も原曲キーで歌える」と書いていたので、たまに証明するために歌ったりしていた「愛をこめて花束を」の二曲をレコーディングした。

本家ファーストテイクと同様一発撮りで行ったため、撮影はものすごく早く終わった。レコーディングブースで歌うのは楽しかった。またいつかやれたらいいねーみたいなことを三人で話していた。

そして、「栞」をアップロードした。

それからすべてが変わった。

動画を見た人が拡散をして、それを見た人がまた拡散してくれるループが起き、YouTubeの急上昇ランキングにもランクインして動画の再生回数は瞬《また》く間に増えていった。

普段あまり芸人にも興味を持たれていない影の薄い僕だったが、いろんな人がこの動画に反応してくれた。最初に言ってくれたのがパンサーの向井さんだった。向井さんがやっておられるラジオでこの動画の話をしてくれた。そのおかげでさらにこの動画は広まった。

向井さん、とても感謝しております。ついには尾崎世界観さんもコメントしてくださって、それだけでもこの動画をアップした元は何十倍も取れていたのだが、そこから加藤浩次さんの「スッキリ」に取り上げていただいたり、いろんな番組にお笑いのネタではなく、歌で呼んでもらえるようになった。

こんなお笑い以外でテレビに出る方法ってあったのかと誰よりも自分が一番驚いていた。歌を歌うことは好きだし、テレビにいっぱい出られるのは嬉しかった。

しかし、嬉しいと言っていられるのは最初だけだった。

僕はカラオケでたまに周りから「少し上手いね」とちやほやされていたレベルの歌唱力であった。自分の好きな歌い慣れた曲を歌った動画がたまたまバズったことで、急に「歌うま芸人」として呼ばれ出し、いきなり絶対的に上手い歌を人前で歌わなければいけない状況になった。

ファンとしてクリープハイプさんの曲だけを歌っていけるのであればまだよかったのだが、番組から求められるのは、今流行りの激ムズ曲やキーを出すだけで精一杯の女性曲などだった。それらの曲を「三日後の収録でお願いします」とか、「たっぷりトークをした後、すぐに歌ってほしい」だとか、僕にとってはとても厳しい条件で、さらにスケジュールも異常で一日三つ歌う仕事が入っている日もあったりした。

歌の基本とも言われている発声から素人だった僕の喉は、すぐに限界を迎えた。全然声が出ない。音程が合わない。満足した歌が歌えていないものが放送され、全然上手くないと非難され、歌うのがどんどん怖くなっていった。

今すぐにでもプロレベルの歌声にしなければならないプレッシャーに毎日押し潰されそうだった。「歌うま」と呼ばれるのがつらかった。

今までお笑いやバイトなどのストレスを発散するために趣味で行っていたカラオケが、いつしか歌の練習のために行く稽古場になっていた。喉を休めなきゃいけないのに止まっている時間が怖くて週に五回カラオケに行くこともあった。あんなに好きだった精密採点が僕を苦しめていった。

それでも、僕は変わらず歌うことが好きだった。言語聴覚士の先生に再び歌を歌えるようにしてもらえた喜びはどんな試練にも立ち向かえる強い気持ちを与えてくれた。

歌が好きで、音楽や歌手の方達にリスペクトがあるからこそ、歌は真剣にやろうと思った。

ボイストレーニングに行けばいいのにと、よくいろんな人に言われたが、口の中を見られて口唇口蓋裂であることをトレーナーの人に気づかれるのが怖かった。口の中を見られることがあるのかはわからないが。だから、独学で一から頑張ることにした。

YouTubeでいろんなボイストレーナーさんの動画を見て実践してみたり、ネットの記事を調べてみたり、他の「歌ってみた動画」をアップしている人の歌い方を研究したりした。

自分に合いそうな歌い方を見つけてそれをカラオケに行って真似してみる。歌を録音して聴いて、聴き心地の良い声質を見つけたり、すべてが手探りで、練習で少しでも新たに感じたことを全部メモしていった。

ビールを飲むことが好きで、誰かと飲みにいったり、落ち込んだときやお祝いのときにはお酒は欠かせなかったが、アルコールが喉に良くないのと、僕はアルコールを飲むと翌日声が低くなってしまい、高音が出しづらくなるため、歌のためにお酒をやめることにした。誰かに飲みに誘われても断るようになって、お酒も人付き合いも失った。それでも歌が上手くなりたかった。

車を購入して、車の中でたくさん歌えるようになった。これはとても大きかった。歌の収録の日も発声練習を車の中でしてから収録に行けた。それまでは、楽屋や本番で歌う直前などに声出しをしたくても「芸人なのに歌手ぶって声出ししてる」と思われるのが嫌で、一度もできていなかった。

車を買って六日目。神田のカラオケに車で行った。カラオケ近くの駐車場が空いていなかったので、初めてパーキングメーターを利用してみた。カラオケで二時間練習し車に戻ってくると、違反切符を切られていた。一時間しか止めてはいけない場所だというルールを知らなかった。その後、自ら警察署に出頭して罰金を払って点数も引かれた。

たくさんのものを失ったが、この日のカラオケで新しい声の出し方を見つけることができた。今までよりも格段に歌いやすくなった。それが本当に嬉しくて、罰金払って点数引かれても全然プラスだった。

そんなある日、お笑い芸人の歌にランキングをつける番組に出ることになった。その審査員の中に、アーティストであり、名プロデューサーでもある寺岡呼人《よひと》さんがいた。

寺岡呼人さんは僕の歌を聴いて、こう言った。

「彼の歌声は神様からのギフトだ」

寺岡さんは僕を大絶賛してくれた。他の審査員の人の点数はそこまで高くなかったが、寺岡さんだけは百点をつけてくれていた。

今までこんなに褒めてくれた人はいなかった。とても気分が良くなってしまった僕は冗談で、「僕をプロデュースしてほしい」とコメントで伝えた。

すると後日、寺岡さんからプロデュースしてくれるという連絡が届いた。

僕は完全にドッキリを疑っていた。そんな訳あるかい、と思っていた。

メジャーデビューすると見せかけて最後に巨大な落とし穴デビューのやつだなと思った。

それから、寺岡さんにお会いし、ドリーミュージックの偉い方とお話をし、メジャーレーベルからCDが発売されることが決まった。寺岡さんが曲を作ってくれ、寺岡さんのスタジオでレコーディングをした。

一向にネタバラシがない。おかしい。でも僕は一ヶ月間のドッキリをかけられていたことがあるので、長期的なドッキリかとも思ったが、寺岡さんに会ってからもう半年が経とうとしていた。さすがに長すぎやしないか。ドッキリにしては曲も四曲作ってくれるって多すぎないか。

何を信じればいいかわからないまま、さらにプロジェクトは進み、ついにマスタリングまできた。マスタリングとは、曲の最終調整であり、これが終わるとCDができる。

このときある違和感が。

「ドッキリでマスタリングまでやるか？」

そこでやっとドッキリではないことに気づいた。

あれ、でも、四曲中三曲を一日で、しかも五時間くらいでレコーディング終わったけど大丈夫？　普通だと一曲で一日掛かる人もいるって聞きましたけど？　本当にメジャーデビューすると理解してから、急に緊張し出していた。

そして、二〇二二年四月、ドリーミュージックから、僕はほしのディスコではなく本名の星野一成としてデビューした。CD「ほしのディスコEP」は六月に発売された。

リード曲の「いとしの悪魔ちゃん」は元カノとの思い出を寺岡さんに話したのを元に作詞家さんが書いてくれてできあがった曲だ。歌うたびに切なくなる。歌えば歌うほど寿命が減ってそう。

あと、「星の降る夜に」というバラード調の曲がある。

この曲を作る前、僕は勇気を出して寺岡さんに病気のことも全てを打ち明けた。芸人になった経緯、歌を歌えるようになった話、そして何よりも母に対する感謝を歌で伝えたいとお願いした。それを聞いた寺岡さんは僕と一緒に涙してくれた。

そして、できたのが「星の降る夜に」だった。

この曲には、「僕を見つけてくれてありがとう」という歌詞がある。

僕を産んでくれてありがとうという意味が込められている、とても素敵な歌詞だ。

六月に渋谷のタワーレコードで一日店長とインストアライブをやらせていただいた。そのインストアライブが生歌初披露だったのだが、「星の降る夜に」を歌う前に、今までの母との思い出が一気に甦ってきてしまい、溢れ出る涙を止めることができなかった。

今まで直接面と向かってありがとうと言えたことがない。この曲の意味も母には伝えていないが、母にはこの曲をたくさん聴いてもらえたら嬉しい。

小さい頃に一度夢見た「歌手になる」という夢を叶えることができたのは、本当に奇跡だし、その奇跡を起こすために助けてくれたほしのディスコちゃんねるの二人、寺岡さん、ドリーミュージックさん、そして関わってくれた皆さんには、本当に感謝してもしきれません。いつか紅白歌合戦に歌手として出場して恩返しをしたいです。

僕はずっと芸人であることには変わりありませんし、歌手は自分に向いていないかもしれませんが「芸人」と「歌手」どちらも頑張っていきたいと思います。

先日、バカリズムさんにお会いさせてもらったときに、バカリズムさんが司会をされている「バズリズム」にいつか出させてくださいと伝えたところ、「絶対阻止する」と言われました。

いつかはきっと報われる。

スポーツ

「スポーツはするものではない。見るものだ」

スポーツが嫌いなわけではない。体を動かすことは好きだ。でも、スポーツをしたいとは思わない。

その一番の理由は、

「運動神経が悪い」

体の使い方がよくわからない。こうすればもっと速く走れる、球を打ち返すことができる、という原理は理解している。頭ではわかっているのに、上手く手足に伝達がいかない。

人見知りする人間の運動神経は、神経見知りもするのだろうか。

小学生の頃、体育の授業で鉄棒をやった。

前回りと後ろ回りはただ棒の上から落下すればいいだけなので簡単にできた（正しい方

法かはわからない)。

しかし、その後の逆上がりとの出会い。

前の二つとは比べものにならないくらい一気に難易度が上がった。補助輪付きの自転車から補助輪を外した自転車くらい違う。やる前からできる気がしなかった。

「逆上がりができた人から授業の残り時間は自由にしていい」

と、先生が言った。

その後僕は、体育の授業中に自由になれることはなかった。鉄棒に自由を奪われた少年。あれからまだ一度も逆上がりを成功させていない。もしまだ体育の授業が続いていたら永遠に鉄棒に拘束されていただろう。

終わりがあっていいものもこの世には存在するのですね。


運動神経が悪いことを誰にも知られたくなくて、なるべく運動する機会を避けるようになっていった。運動神経が悪くて笑われるのがとても恥ずかしかった。

そんな隠れ運動苦手少年の僕だったが、スポーツをしていた時期もある。

僕が入学する予定の中学では、絶対に部活動に入らなければならないという鉄の掟《おきて》があり、事実上、運動部しかなかった。文化部も一応あったが、理由があって運動部に入れない人が入るイメージだったため運動部に入るしか選択肢がない。ただただ運動神経が悪い人間には生きづらい環境であった。

小学校高学年になった一成少年は思った。

このまま運動から逃げ続けていると、中学に入ったら部活動で何もできなくて、笑われて、怒られる三年間だ。地獄の三年間。

一成少年は考えた。

「中学で笑われないために、小学生のうちから基礎を学ぼう」

地元にはミニバスケットボールクラブがあり、仲の良い友達も通っていた。「このミニバスでバスケを学び、中学生になったらバスケ部に入ろう」と考え、小五からミニバスを始めた。

一人で入会するのは勇気が出ず、親友と共に始めたミニバス。最初は一緒にパスの練習をしていたが、親友は運動神経が良く、バスケの才能がぐんぐんと伸びていき、すぐにレギュラーに定着した。

それに対して僕は、バスケの基本を人の何十倍の反復練習の末なんとか身につけ、そこからは下手なのがバレないようになるべく練習中もボールには触らず、とにかく常にいっぱい動くという手法でなんとかミニバスクラブに所属していた二年間をやり過ごした。

そんな謎の動きをするバスケットマンが試合に出ていた記憶は、微《かす》かにもない。思い出として残っているのは、試合の日に母が作ってくれた弁当の鳥の唐揚げが美味しかったということだけだ。

そして、中学のバスケ部へ。

バスケの基礎を身につけた一成少年は中学の三年間もこの調子でやり過ごせると思った。

しかし、ミニバスと中学バスケは全くレベルが違ったのだった。

バスケの技術どうこうの前に、単純に体力、身体能力が高くないとついていけない練習内容だった。

ミニバスは月に三、四回、優しいコーチのもと、穏やかな雰囲気でバスケを楽しんでいた。

それと比べ中学の部活は、朝練、放課後、週末の朝から日が暮れるまでの練習、他校への遠征、練習試合。練習量もさることながら、バスケ部顧問の怒号、体罰になるかならないかギリギリの圧力、先輩からのしごき、同級生との次期キャプテン争い。

状況が違い過ぎて最初は全くついていけなかった。

部活が嫌過ぎて、学校を休もうと思ったことが何度もあった。

しかし、部活を休むと病欠であっても反省文を書かなくてはいけないし、顧問や先輩方に謝りに行かないといけないという恐ろしいしきたりがあったため、休むことはできなかった。

だんだんバスケ自体も嫌になってきて、『スラムダンク』の三井の名言、「バスケがしたいです」の意味が全く理解できなくなって「オレよりバスケ上手いくせに挫折してんじゃねぇ」と何故か三井に腹を立てている時期もあった。

バスケをやっている中で、スポーツの難しさも感じた。

バスケはチームプレー。運動神経の悪い自分がミスをすることで仲間に迷惑がかかる。連帯責任で怒られる。試合に負ける。それがすごく申し訳なかった。

今でも鮮明に覚えているのが、他校との練習試合のとき。途中から試合に出させてもらっていて、大事な局面で自分にボールが回ってきた。すぐにシュートを打ったが、そのシュートは外れてしまった。申し訳なさから咄嗟《とっさ》にキャプテンにごめんと謝った。

すると、キャプテンに、

「シュート外して謝るなよ！」

と、怒られた。

もしかしたらキャプテンは、僕を気遣って言ってくれたのかもしれない。

でもその言葉が僕に強く突き刺さった。僕なんかが試合に出て、そのせいで試合に負けてしまったら本当に申し訳ない。下手な僕なんかが試合に出ないほうがいいと思った。より体が動かなくなった。

結局、その試合は負けてしまった。もし自分が試合に出ていなければ勝てていたのかもしれない。

それから自分にボールが回ってくるのが怖くなった。

顧問の先生は優しさで、こんな僕でもたまに試合に出してくれるのだが、チームのためには自分が試合に出ないほうがプラスになることは実感していたから、試合に出るのがつらかった。試合に出ても何もできないし、自分は何もしないほうがいいと思ってしまうので何も役に立たない。すぐに交代させられた。それでいいと思うようにした。

仲間に迷惑をかけたくない気持ちが前面に出過ぎてしまう。自分の性格上チームプレーが大事なスポーツは向いていないと思った。

それでも三年間バスケ部員として頑張った。試合では何もできないが、チームのムードを盛り上げる役として、やれることはやった。応援の声は誰よりも出していた自信がある。あと、パイプ椅子をきれいに並べる力が身についた。この能力をどこかで役に立たせたい。だが、未だそのときが来ない。


中学を卒業し、高校は運動部ではなく演劇部へ。

高校の体育以来ほとんど運動をしていない。運動神経が悪いというのは恥ずかしいことであり良いことは何もない。

運動神経が悪いことを隠して生きていくことに決めた。

「もし将来子供ができても、キャッチボールとかをしてやれないかもしれない。だから運動神経の良い奥さんだったらいいなぁ」

　そんなことを思っていた。

　しかし。

「アメトーーク！」の「運動神経悪い芸人」に見つかってしまった。

　そのロケで、中学のバスケで微かに進化していた運動神経もしっかりと退化していたことを確認した。バスケの基礎はどこへ。もうバスケは諦めて試合終了するしかない。

　でも、運動神経悪い芸人で出会った芸人さん達は、お互いの苦しみをわかり合える数少ない存在なので、ロケ中もみんな優しい。スタッフさんも何一つ上手くいっていないのに温かく見守ってくれている。幼稚園のような愛溢れる世界。

　ただロケ開始時間がめっちゃ早い。朝七時には球を投げたり蹴ったりしている。

　年末は運動神経が悪い青ジャージのおじさん達を見て、たくさん笑ってもらえると嬉しいです。

　僕もまた呼ばれたとしたら、夜、ロケの移動中、青ジャージを着て車に乗っていても職務質問されませんように。

猫

小学校から歩いて一時間くらい山道を下らなければいけない下校途中に、茂みの中からか細い鳴き声が聞こえた。その鳴き声の方に近づいてみると、「拾ってください」と書かれた段ボールの中に小さな子猫を見つけた。毛の色は白く、まだ生まれて数週間しか経っていないだろうと思えるくらいに体の小さいメス猫で、シューティングゲームの一番弱いビームの音みたいな鳴き声がすごくかわいかった。

子猫の体を撫でているうちに、子猫がとても可哀想になり、家に連れて帰ろうと思った。そんな優しい心と深い愛を持つ、とても素敵な人間性のある一成少年だったが、「家は動物を飼えないからね」と前々から母に特大の釘を刺されていたため、断腸の思いで、その場からそっと離れることにした。

しかし僕は、それまで猫カフェにいたかのように子猫と小一時間くらい楽しいひとときを過ごしていた。

そのせいで僕に少し心を許したのか、子猫は、僕が歩き出すと後をついてくる。何度も子猫を段ボールの中に戻すが、そのたびに箱から自力で飛び出し、必死に追いかけようとする子猫。かわいいストーカー。

何度やっても結果が同じなので、しょうがなくそのまま家に帰ることにした。家まで一キロ以上ある道のりを、子猫はしっかりとついてきたのだった。

家の前に着いたとき、ことの重大さに気づいた。

「こっからどうしよう」

今後の展開を何も考えていなかった。歩いているときに、

「あっこれ、リアルドラクエだな」

なんて考えている場合ではなかった。見知らぬ土地に連れてきた子猫を放っておけないし、親に「猫を飼いたい」と言ったところで反対されるに決まっていた。

そして一成少年が出した結論は、

「家族に秘密で自分の部屋で飼う」

だった。

子猫を抱えて、玄関から自分の部屋までラグビー選手になった気持ちで、全力で駆け抜けた。なんとかリビングにいた母と祖父母にはバレずに済んだ。

自分の部屋に運び込むことは成功したが、子猫はお腹が空いているからか、ずっと鳴いていた。このままでは、鳴き声でバレてしまう。何か食べ物を与えないと。でも、キャットフードなんて家にないし……。

そこで星野一休さんは、頭を抱えて考えた。とんちもアイデアも何も思い浮かばなかったが、昔見たアニメの一シーンが頭をよぎった。

「猫は、魚の骨を食べる」

夕食の準備をしていたおばあちゃんのもとへ行き、今日はどうしても魚が食べたい気分なんだと、もう肉料理を作っていたのにもかかわらず、無理矢理魚を焼かせた。

その後に、魚の骨を学校の理科の実験で使うから、という意味不明な嘘をつき、食卓に並んだ家族全員分の魚の骨を全て回収し、それを子猫に与えた。

魚の骨を美味しそうに食べてくれたが、生まれてまもない子猫に魚の骨を与えるのはとても危険だと今ならわかる。あのとき大変なことになっていなくて本当によかった。そもそも、魚の骨だけで空腹は満たされたのだろうか。

それでも、なんとか落ち着いた子猫は、僕の部屋の布団の上でぐっすりと眠ってしまった。

耐えた。

と、思った。

家族は何も言ってこなかった。

しかしそれは、家族がまだ猫の存在に気づいていないからではなかった。

家族は気づいていた。

なぜなら、夜中に目覚めた子猫は永遠に感じるほどに鳴き続けたのだ。部屋から猫の声は確実に漏《も》れていた。あれだけうるさかったら、どんな人でも気づく。

それでも、家族は一成少年が自分から言い出すまで待っていてくれたようだ。神対応。

猫が家に来て二日目。隠し通すのは無理だとわかり、家族に打ち明けた。

絶対に反対されると思った。しかし自分も絶対に引き下がらない覚悟があった。家族に打ち明ける前に、この子猫は自分が育てるんだと決意していた。

長時間の話し合いになるかと思ったが、家族は、あっさりと許してくれた。動物を飼うことに一番反対していた母も、「世話を全てやるなら飼ってもいい」と言ってくれた。

本当によかった。

子猫は新しい家族になった。

名前は「P（ピー）」にした。なぜその名前にしたのかはもう忘れてしまったが。

これが、僕が猫を飼うきっかけになった話。

それから僕も家族も猫が大好きになった。

ピーちゃんは、ものすごく人懐《ひとなつ》っこくて、人に対してあまり警戒心がなかった。初めて会った人にも体を擦《す》り寄せに行く。家の近くに道の駅があったのだが、そこの観光客の人にもよくかわいがられていた。

ある日突然、ピーちゃんはいなくなった。

何日も家に帰ってこないことなんてなかったのに、どこを探してもいなかった。

もしかしたら猫好きな誰かに、また拾われていってしまったのかもしれない。会えないのはとても悲しかったし、落ち込んだが、ピーちゃんと僕の出会いもそうだったから、どこかでまた幸せに暮らしてくれていたらそれでいいと徐々に思えた。

ピーちゃんがいなくなって数年後、家族がまた猫を拾ってきたり、里親を探していた知り合いから譲り受けたりして、今実家では猫三匹と犬一匹という大所帯で暮らしている。母は歳をとってから眼鏡を掛けだしたので、ルックスもどんどんムツゴロウさんのようになっていっている。

実家が動物王国になる日も近い。

そして僕も今、愛猫みゅう君と一緒に暮らしている。

みゅう君は、マンチカンとペルシャのミックスのミヌエットという猫種で、手足が短く、毛が長くフサフサな猫だ。

上京したときから、いつか猫と共に暮らしたいという願望があった。いつでも猫を家に迎え入れられるようにペット可の物件を探していたが、そういった物件は家賃が高くて住むことができず、猫と暮らせない日々が続いた。

猫がいない寂しさをぬいぐるみのフシギダネで埋めた。

二〇二一年一月。ついにペット可の物件に引っ越すことができた。歌の練習のためでもあるが、半防音のような壁の厚い物件にしたので、物音や鳴き声、猫を愛《め》でるときの甘ったるいキショい声などを気にせずに出せる。

存分に猫と楽しく暮らせる条件が揃った。

どんな猫を迎え入れるか早速調べた。もうこの時間だけでもとても楽しい。猫は車や物件選びとは訳が違ってノリや思い切りでは決められない。猫はペットではなく家族なのだから。どんな猫がいいか、保護猫なども含めいろんな猫を調べた。これからずっと東京で一緒に暮らしていくのでフラットに自分が一緒にいたいと思う猫にしようと思った。

そして、みゅう君に出会った。

出会ったときは、まだ生まれて二ヶ月くらいの状態でものすごく小さかった。色は雪のようにまっ白で、体のところどころに薄い茶色が入っている。みゅう君の写真を見たとき、初めて山で出会ったときのピーちゃんと、どこか似た雰囲気があると思った。運命を感じたような気がして、その後すぐに約束をして、みゅう君に会いに行った。

実物は写真よりもさらにかわいかった。全てかわいかった。声も顔も不器用なところも全部大好きだった。みゅう君は僕に抱えられている間、人見知りなのか、僕が怖かったのか、ずっと震えていた。それもかわいかった。

そんな出会いからもう二年が経っている。あんなに小さかった子猫は、みるみるうちに大きくなり、長毛種ということもあって実家にいる猫の倍くらい大きく見える。

僕とずっと一緒にいて似てきたのか人見知りがさらに増して、僕以外の人には全く懐《なつ》かない。すぐシャーッと威嚇《いかく》して、逃げ回ってしまう。

買ったときは青一色だったソファが、みゅう君の毛で、お金持ちが住む家の玄関の床に敷かれた大理石のような模様になってしまったので、ソファを買い替えた。

そのソファを業者の人が取り替えに来てくれたときに、その業者の人が屈強な男ボディで、声もダンディボイスだったために、みゅう君はヤンキーに遭遇した陰キャのように物陰に隠れようと必死に自分の体より低いトイレで壁を作って体を隠そうとしていた。業者の人が帰ったあとも一時間くらいずっとその場にいた。体の半分以上が隠れていないその姿がとても愛くるしかった。

僕が部屋を移動すると必ずついてくる。僕がお風呂に入っているときは早く出てきてほしいのかドアの前でずっと鳴いている。可哀想になってドアを開けると、人嫌いなお風呂に入れられると思って勢いよく逃げていく。どうすれば満足ですか？

寝るときは、ベッドに乗ってきて僕の足元で丸くなって一緒に眠る。みゅう君を潰さないように寝返りがあまり打てず、みゅう君が来てからずっと眠りが浅い気がする。

さらに、朝方五時くらいにお腹が空いて、無防備な僕のお腹に約六キロの体重で急にのしかかってきたり、顔を舐めまわしてきたりして、叩き起こされる毎日。

充電コードやイヤホンコードなど細長いものはなんでも噛みちぎってしまう。もう二十本以上いかれた。七万円もした自動で汚れた砂を回収してくれる巨大なトイレを一度も使うことなく、部屋をただ狭くするだけの物体にした。家で作業をしていると、お気に入りのねこじゃらしを咥《くわ》えて持ってきて遊んでほしいアピールをしてくる。遊ばないと急に足に噛み付いてくる。この本の執筆をしているときも、何度ねこじゃらしタイムを挟まれ、足に噛み付かれた痛みでどれほど筆の進みが遅くなったかわからない。

それでも、全く嫌いになれない。

むしろ、愛しさがどんどん増していっている。

みゅう君がいるから、前よりも家から出るのが苦手になってしまったし、仕事が終わったら直帰を心掛けている。

夜一人でいさせるのがとても可哀想に思えて、今、泊まりの仕事は基本的に断っている。前に、名古屋・大阪・名古屋・群馬というスケジュールの四日間があった。普通に考えて泊まりのほうが楽だが、僕は全日、日帰りを選択した。いくら次の日の現場近くのホテルに泊まったとしても、みゅう君が心配で眠れる訳がないので、結局、精神肉体共に一番ダメージを受ける。

海外ロケの仕事にいつか行くために十年の有効期限があるパスポートにしたが、使う日は来ないかもしれない。

家に帰ってきて玄関を開けるとみゅう君が喜びの声をあげて飛び跳ねて出迎えてくれる。それが本当に癒しになっている。どんなにきつくてつらいことがあってもみゅう君が家で待ってくれていて、僕を必要としてくれていることに、すごく救われる。

現在の僕には、友達は全くいないけど、仲の良い芸人もみんないなくなってしまったけど、みゅう君がいればそれでいい。


今一番の幸せは、体に良さそうなおやつをみゅう君にあげている瞬間だ。

いろんなおやつを食べさせてあげられるように、いっぱい働きます。

彼女

僕のことを知らない人はよく、

「ほしのさんて童貞じゃないんですか？」

と聞いてくる。そんなときは、

「お、俺、童貞じゃねーし!!」

と即答している。

僕の見た目と雰囲気がそう感じさせてしまうのだろう。

こんな僕でも恋愛経験は少ないが、なくはない。

初めて彼女ができたのは中学二年のときだった。

僕の中学では学年に二クラスしかなくて、同級生の女子は二十人ほどしかいなかった。

その中で僕は一番かわいいと思っていた女の子と付き合うことができた。僕の人生の中で中学時代がピークだったと思えるくらい、中学では明るく目立ちたがり屋だったので、その子も彼女になってくれたのかもしれない。

彼女とは、とても初々しい健全なお付き合いをしていた。休みの日に僕の家で一緒に勉強をしたり、何度か電車とバスで二時間くらいかけて、映画館デートをしたくらいだった。彼女の親と僕の母も同級生で親公認のお付き合いだったのもあって、より健全さと監視されているかもしれないという恥ずかしさに磨きが掛かっていた。

それにも増して学校では、同級生の目が気になって全く一緒に居ることができなかった。僕達が付き合っていることをみんな知っていて、少しでも二人の距離が近くなると冷やかされるため、僕は恥ずかしさのあまりいつも彼女を避けていた。

僕が何度も彼女から逃げたりするのが原因となって、彼女が本当は私のことを好きじゃないのではないかと思ってしまい、何度も怒らせてしまった。

普段はそんな接し方をしてしまっていたが、本心は彼女のことが大好きだった。

まず自分に彼女ができるなんて思っていなかった。こんな自分と付き合ってくれる彼女に感謝もしていた。

彼女に面と向かって思いを伝えるのがとても苦手だったが、その分、当時カメラ機能が搭載されたことがものすごい最新技術だったガラケーで毎日メールのやり取りを百件以上していた。彼女から届いたメールで気に入った文章があったら、そのメールをお気に入りのフォルダに入れてよく見返したりしていた。さらに送ってもらった彼女の自撮りを寝る前に夢に出てきてほしいから目に焼きつけるように見ていた気がする。今思うとだいぶ気持ち悪いかもしれない……。

かわいくて勉強もできてスポーツもできる自慢の彼女とは、中学を卒業した後別々の高校に行くことになった。どちらも群馬県内にある高校だったが、距離は離れていたので遠距離恋愛のような感覚だった。

僕は男子校に進学したため、他の女子といえば自分とは干支二周以上年上の保健室の先生くらいしかいない環境だったから目移りする心配はなかった。

しかし彼女の方は共学の高校だった。僕は何も手につかなくなる程不安だった。あのかわいい彼女は絶対に注目を浴びて他の男達の取り合いになる。居てもたってもいられない不安が日に日に押し寄せていた。

そして、高校に入学する前の期間に彼女が、僕に内緒で同じ高校の男子と遊びに行ったことが発覚する。それを知った僕は、それまでの不安と嫉妬《しっと》が爆発し、一方的に僕が別れを告げることになってしまった。彼女には何か事情があったのかもしれないが、その時の僕は聞く耳を持っていなかった。自分に彼女を繋ぎ止めておけるような自信が全くなかった。

その後高校でのクラスカーストは五軍まで落ち、女性とは無縁の時代をさまようことになった。高校三年間は堀北真希さんに恋をして切なさを乗り越えた。堀北真希という漢字を世界一上手く書けるようになるため、授業中にノートの端から端まで書き殴ったり、堀北という印鑑を購入し、授業中にノートの端から端まで印鑑を押しまくる悪魔的な推し活をしていた。

男子校での生活に慣れ、女性との関わり方がわからなくなり、以前にも増してこんな見た目の男を好きになってくれる人なんていないだろうなと思った。

お店の女性店員さんと話すときや女性とすれ違うときに、僕の顔を見てきっと今変な顔だなと思われているんだろうなと思ってしまう。だから、初対面の人は本当に苦手だ。これは男性も同じ。絶対に相手が第一印象で自分を好きになるはずがないというマインドになり、合コンやマッチングアプリなどは自分には意味がないと思い、今までほとんど経験がない。

たまに先輩芸人さんがキャバクラに連れて行ってくれたときでさえ、自分に付いてくれた人は僕じゃ嫌だろうなと思ってしまい、申し訳なさでずっと敬語でしか話せない。

逆に僕がキャバ嬢さんを楽しませなきゃという気持ちになり、僕に付いてくれた女性の私生活や将来の話を熱心に聞いていたら、急にその子が手で顔を押さえて、「こんなに親身に話を聞いてくれた人初めて」と涙ぐんでいた。それは嬉しかったが、楽しくはなかった。

二〇二〇年以降コロナによって常にマスクをしなければいけない生活になり、顔を面と向かって見せることがなくなった。これは自分にとってとても好都合だった。マスクがあれば、以前よりも三倍増しくらいで初対面の人とでも話せるようになった。でもマスクを外さなければいけない食事のときなどは今まで以上に緊張してしまい、慣れていない誰かと食事をする際はあまり味がわからない。味よりも自分の食べ方や相手の様子に集中してしまっている。

食レポの仕事が苦手なのも、このことが少しは関係あるのかもしれない……と思いたい。

そんな自分は一生このまま孤独なんだろうなと高校に通いながら思い始めていた。

三十歳まで女性と深い関係がなければ魔法が使えるという噂を耳にした。僕は三十どころか生涯なさそうだったので最上級魔法も使えるかもと思っていた。

そして、二十一歳になった。

彼女ができた。相手は同じバイト先に同じ時期に入った同い年の女の子だった。音楽が好きというところで話が合い、全く売れる予感もしない若手芸人のつまらない話やボケでも笑ってくれるところに惹かれていった。自分に恋愛は無理だと思っていたが、人を好きになる気持ちだけは抑えることができなかった。

同じ職場で働き始めて一年半が経った頃、彼女に告白することにした。

本当は自分が告白することすら悪いことなんじゃないかと思っていたが、当時組んでいたカーディガンの相方と恋の話になり、好きな子がいると伝えたところ、すぐ告白した方がいいと背中を押してくれたのがきっかけで告白に至った。本当に頼りになる男。感謝。告白は僕のオアシス、荒川の土手ですることにした。時刻は夕方。彼女は就活中で面接終わりにスーツで来てくれた。

行きつけならぬ座りつけの荒川の土手のベンチに二人で座り、彼女に大事な話があると伝えた。

そこから、時が止まったかのように僕は何も言い出せなくなってしまった。前に付き合った彼女のときもメールで告白するという一番ダサい方法を取っていたし、「田舎に泊まろう！」で同級生に告白したときも、あれはテレビで放送される前提でのことだったので、演技っぽい感じで告白したため全く緊張していなかった。直接自分で告白することがこんなにも緊張するものだとは思わなかった。

自分の気持ちを何も言い出せないまま、約二時間が経った。沈黙は怖かったので、今日はいい天気だねという話をしきりにしていた。

天気の話しかしなくなった僕を彼女は心配し始めた。

「どうしたの？　大丈夫？」

優しい気遣いをする女性と、延々と天気の話を繰り返す異常な男。コントの世界だった。

そんな不毛な時間を過ごしていると、ふと頭に冷たさを感じた。雨が降り出していた。まだ小雨だったが、これから本降りになりそうな雲の量になっていた。さっきまであんなにいい天気だったのに、僕の不甲斐なさによって神様が怒りの雷を落とそうとしているのか。

そして、もういい天気というワードは使えなくなってしまった。まずい。

さすがに彼女をこのまま雨に打たせてびしょ濡れにさせる訳にはいかない。それにそうなったら絶対に告白は失敗する。というか、もう二時間経過している時点で無理かもしれない……。

とりあえず、ちゃんと言おう。

神様のお導きによって僕はついに、

「す……す……好きです。……つ、付き合ってくださいぃぃぃ～」

震えた声でなんとか気持ちを伝えた。それに対して彼女は、

「お願いします」

と、笑いながら言ってくれた。

後で話を聞くと呼び出された時点で告白される予想はしていたらしい。さすが女の勘。

彼女は最初から付き合う前提で荒川の土手に来てくれていたようだ。いつまでも言い出せない緊張で焦っている僕を見守るのは意外と飽きなかったとのこと。優しい女性だった。

それから彼女とのお付き合いが始まった。

彼女にはいろんなことを教えてもらった。東京出身の彼女に都内のいろんな場所に連れて行ってもらって、一人では入れないお店にも一緒に行くことができた。

彼女は最初僕のことを好きだとはあまり思っていなかったようだ。それでも、僕のことを好きになってくれた。

そして、付き合って何ヶ月か経った日に、彼女に病気のことを打ち明けた。

彼女は僕を受け入れてくれた。全然気にしないと言ってくれた。

家族以外で僕の全てを初めて受け入れてもらった気がした。心の底から僕は彼女のことが好きだと伝えたいと思った。

しかし、彼女の両親には僕のことをよくは思ってもらえなかった。

まず芸人であるということが嫌だったようだ。全く売れる見込みもなかったから、当然だと思う。それは僕の努力次第でなんとか変えようと思った。

ただ、僕の病気のことも受け入れられなかったようだ。

彼女の両親にも何度か会わせていただいていて、僕に対してとても優しく接してくれて直接言われたことはなかったが、彼女には伝えられていた。

「もし結婚したとして子供が生まれたときに、子供も同じ病気になるかもしれない。そうなったら子供がかわいそう」

「子供が同じ病気にならなかったとしても、父親の病気が原因でいじめにあったらどうする？」

僕はその話を聞いたときに、ぐうの音も出なかった。

彼女の両親に対して嫌な気持ちは全くなかった。親なら誰しもそう考えると思った。だから、ただただつらかった。変えることのできない未来にまた打ちひしがれることになった。

でも彼女は僕に言ってくれた。

「私は何とも思わないから。それがきっかけで別れたりしないよ」

僕は涙が止まらなかった。

僕は一生彼女のことを愛したいし、絶対に大切にしようと誓った。

こんな僕を好きでいてくれる彼女のためにも、早く芸人として成功したいと強く思った。

自分を好きでいてくれる彼女に尽くしたい気持ちでいっぱいで、僕は必死だった。

彼女が真夜中にいますぐ会いたいと言ったら彼女の住む家まで自転車で三時間くらいかけて行ったり、彼女が引っ越すタイミングで同じ地域に引っ越した。本当は同棲をしたかったが、彼女の親に交際を反対されたため僕達は別れたことになっていたので、一緒には住めなかった。家賃もそれまでより二万円も上がることになったが、彼女の近くにいられるだけで嬉しかった。僕は夜勤のコンビニバイト終わりに彼女の家に行き、家のソファにひっそりと腰掛け朝七時になったら寝ている彼女を起こしていた。彼女が仕事に向かってから、自分の家に戻り三時間ほど寝て相方とネタ合わせをしてそのまま夜バイトに行くという生活を送っていた。

僕はそれで幸せだった。

でも、尽くし過ぎてしまったのかもしれない。

三年付き合って、結婚も考えていたが、終わりは来てしまった。

彼女は僕以外にも好きな人ができたらしい。

それはしょうがない。僕にはずっと自信がなかった。だから尽くしたかった。

幸せな三年間の思い出を作ってくれた彼女にはとても感謝している。こんな僕でも恋愛をしてもいいのかもしれないと思うことができた。

ただ彼女の幸せを願った。

別れた後、歌詞や小説などでよく見かける、「心にポッカリと穴が空く」という表現がやっとわかった気がした。とてもつらかった。クリープハイプさんの曲を聴いて元気を出そうと思うが「傷つける」という曲が刺さってさらに僕の心を傷つけた。

いつからか、誰かを好きになって、告白したいと思っても、僕よりも良い人なんていくらでもいると思い、踏みとどまってしまう。

だから僕は、決意した。

もう二度とつらい別れがないように良い恋愛をしよう。

そう心に決め、恋愛はとても慎重に向き合っている。

それなのに、番組の企画で告白をするタイミングが定期的に来る。番組の構成上、少し雑な告白になってしまい結局フラれて大ダメージを負ってしまっている。

やはり僕には恋愛は向いていないのかもしれない。

そうなる度に、今は愛猫みゅう君に恋をしているだけで十分かもしれないと思ってしまう。

みゅう君、一生一緒にいてくれや。

髪

一生の悩み。

髪の毛を切りに行くのが苦手。

おそらく遺伝子レベルで、無理なのだと思う。

三十三年生きて、もう何度髪を切りに行ったのだろう。幾度、散髪に足を運んでも克服どころか、免疫すらできない。

前世で美容師さんか理容師さんに何か悪事を働いてしまいその祟《たた》りなのではないだろうか。


幼少期から拒否反応を示していた。

いつも地元の小さな村にある床屋へ母親に車で連れて行かれ（半ば強制的に）髪を切ってもらった。

このお店は僕のおばあちゃんと同じくらいの年齢のおばさんがやっていた。家から近い人はみんなここで切ってもらっていたし、本当に小さな村なので同じ村の人のことはみんな知っていて、おばあちゃんとも仲が良かった。

なので、理容師さんという認識よりも知り合いのおばさんが髪の毛を切ってくれるイメージだった。

だからコミュニケーションの難しさはあまり感じなかったし、母やおばあちゃんもたまに一緒に行っておばさんと会話をしてくれるので、人見知りであっても自分はただじっと髪の毛が減っていくのを待っていればよかった。

苦手意識など芽生えそうにないと思いきや、何事にも試練は付き物であり、あの理髪店特有の、「顔剃り」という文化が自分にとってとてつもなく大きな壁として立ちはだかった。

子供の頃、極度のくすぐったがり屋だった。

自分の全身の皮膚は、何かがほんの少し接触しただけでも敏感に反応した。くすぐられるのはもちろんダメで、服が体に擦《こす》れるだけでも感じてしまうときがある。なので、自転車に乗っているときに発生する風で服がなびいただけでもくすぐったくなってしまい、耐えきれず自転車と共に倒れたことも何度かあった。

全身敏感ではあったが特にひどいのが、首元だった。首周りの感知センサーが異常に発達していて、たまにゾーンに入ってしまい、普通に服すら着ていられない状態になり、上半身裸になるしかないときもあった。

幼虫がサナギになり、やがて立派な成虫に進化していく昆虫と僕の皮膚も同じ作りなのか、歳を重ねる毎にセンサーは鈍感になっていき、今は普通の日常生活を送れているのでよかった。僕の場合は進化というより退化のような気がする。

そんなセキュリティ高設定幼少期の僕の首が、あのふわふわした柔らかなクリームと、産毛を剃るための冷たいカミソリの感触に耐えられる訳がなかった。

まず剃る前の段階で、顔剃り用の前掛けすら首に付けられない。なんなら、今度髪の毛を切りに行くよと親に宣告されたときから首元が少しうずき出していておかしくなっている。

それでも、「顔剃りはやったほうがいい」という大人の言う通りにして、母と床屋のおばさん二人がかりで僕を押さえ付け無理矢理に顔剃りを行っていた。

しかし、頭では顔剃りに同意しているが、体が本能で無意識に暴れ回ろうとするので、普段とても優しいところしか見せない床屋のおばさんが、次第に本気でキレてきた。

カミソリで傷をつけないために声を荒げていたのはわかっていたし、自分のせいだからおばさんは何も悪くはないのだが。

羽交《はが》い締《じ》めにされた状態で、首元にカミソリを押し付けられながら怒鳴られている状態。とても異様だった。もしこの瞬間に他のお客さんが入ってきたら、勘違いする人もいるのではないか。

そんな感じでその床屋に中学を卒業するまでずっとお世話になっていた。他の床屋で顔剃りをする勇気はなかった。一度も怪我をしなかったのはおばさんの腕の良さの賜物《たまもの》であった。

しかし、高校生になると、それまでは髪型といえばスポーツ刈りか坊主の二択しかほぼなかったのに、周りには襟足《えりあし》にアイデンティティを見出したお洒落《しゃれ》な髪型の人達が現れるようになった。

そして、周りの目を気にすることを最優先に生きている人間の僕は、そろそろ床屋ではなく美容室に行ったほうがいいのではないかと思い、長年お世話になった床屋を卒業することを決めた。

「どうやら美容室というのは顔剃りをやらないらしい」という都会の方から流れてきた噂も自分に新たな一歩を踏み出させる勇気を与えた。

だが、その美容室への進出が、髪を切りに行くことへの恐怖を生み出す真の原因になるのであった。


高校生で美容室デビュー。

母親が通い始めた地元の美容室に、自分も連れて行ってもらうことになった。母親同伴という恥ずかしいデビュー戦。

だが、母親なしではデビューできていなかっただろう。

それまで床屋しか知らない「井の中のかずなり美容室を知らず」だったため、恐怖心しかなかった。どこかしらパーマを当てないと帰らせてもらえないのではないか、という不安でいっぱいだった。

あと美容室と美容院って同じみたいですが、なんか美容院って呼ばれてるところはセンス高めの人達の集う場所なイメージがあり、未だに美容室と主張しているお店しか行けないし、美容院って言うのが恥ずかしくて美容室って言っちゃう。

恐る恐る美容室の扉を開け入ってみると、全く怖いところではなかった。杞憂《きゆう》過ぎた。

今まで髪を減らしてもらっていた昔ながらの床屋さんとは雰囲気がまるで違い、明るい店内に爽《さわ》やかな音楽が流れるその空間には、闇の世界に住む自分が生まれ変わるチャンスがあるような気がした。

母と共に行っていたことで、髪を切ってくれる店主の方ともすぐに自然なコミュニケーションが取れるようになった。苦手な顔剃りもない優しい世界で、今まで「スポーツ刈り」か、「短めで」の二択しかなかった選択肢が無限に増えた感覚がして順風満帆な髪切り生活を送っていた。

そして、十九歳になり上京。

東京は初めてのことだらけだった。

それでも、有名なお笑い芸人になるため、果敢に立ち向かいなんとか乗り越えた。

東京で初めて散髪すべき時期が訪れた。

しかし、東京で髪の毛を切ることは、勇気が出ずすぐさま断念。東京コワイ。

東京で髪の毛を切ることができない男が最終的に出した答えは、

「地元に戻り髪の毛を切る」

であった。

髪の毛を切るためだけにわざわざ電車とバスを乗り継ぎ約四時間掛けて帰郷。

東京の美容室に無理矢理行き、神経をすり減らし心が空洞にならなくていいのなら、移動の四時間なんて、「キユーピー3分クッキング」の放送時間と同じくらい短く感じた。

さすがに初めて地元に帰るときは、髪の毛を切るためだけに帰るなんて、恥ずかしい気持ちがあった。

でもその恥ずかしさは一度だけで、あっさりと消え去った。最初は髪を切る周期が二、三ヶ月に一回だったのに、ホームシックも重なり、いつしか月一で実家に帰るようになっていた。

その美容室は「恵」という名前だったのだが、僕は髪の毛と往復八時間という時間を捧げる代わりに安心という恵みを頂きに行っていたのだ。

ただ、その恵みも長くは続かなかった。

アルバイトを週五近くやりながらお笑いの活動もしていると、なかなか時間が取れず帰ることができない。

髪の毛も限界まで伸びてしまいそろそろ切らないと、たまにされていた職務質問の回数が増えてしまうという窮地に追い込まれた。

そこでしょうがなく、東京で美容室探しを始めた。

勇気を出さざるを得ない状況で、不動の重い腰を上げることに成功した。

まず美容室の入念なリサーチを行い、自分に合っていそうなお店を発見し、ついに東京の美容室へ行くことを決めた。

それにより、今まで感じたことのない新たな問題が出てきた。

まず、予約の電話ができない。

昔から電話が苦手でせっかく携帯電話を持っているのに通話はほとんど使っていない。自分から掛けるのも出るのもどちらも苦手で、解約の電話ができなくてホームWi-Fiを引っ越しするまで二つ飛ばし続けていたこともある。

次に、自分の姿を鏡で見ることができない。

自分を誰かにじっと見られているという状況が耐えられない。さらにその見られているところが、鏡のせいで自分の目にも入ってしまうというのが何よりも苦痛だった。

今までは散髪をする人が僕のことを知ってくれている人だったから気にならなかったことに気づく。

初対面の人が自分を見てどう思っているのかがすごく気になってしまう。目の前の鏡をどうにか見ないようにしたいから、目のやり場に困り、挙動不審になってしまう。

そして、会話が気まずい。

初対面の人と話すことに全く慣れないまま成人になってしまったツケがここで炸裂《さくれつ》する。緊張で全然喋れない。

それと、だいたい美容師さんは明るいエネルギーで生きている人が多いので、負のエネルギーの集合体である僕とでは会話のトーンが合わず、会話はすぐに終わり、気まずい空気がすぐに流れる。他の席の美容師さんとお客さんが楽しそうに話せば話すほど、自分達の異常さが際立っていき、僕ら二人だけ別空間にいるような感覚になる。

さらに、事細かに年齢や職業などを聞いてこられたときに、「芸人をやっている」と正直に話すのが恥ずかしく返答に困った。売れてない芸人はどこに行っても肩身が狭い。

現実的な問題点が浮き彫りになり、美容室への苦手意識が最高潮になる。

どうして髪の毛は生えるのか。一生髪の毛が伸びなくなってほしいと夜空に向かって願った日もあった。でも生えてはきてほしい。ハゲたくはない。

髪の毛は伸びたら切らなくてはならない。

美容室の壁は生きていく中で必ず乗り越えなければならない。

ついに、覚悟を決める。

そして、問題点を全てクリアできるお店を見つけることに成功した。

そこは当時働いていたバイト先の人から教えてもらった、北千住の美容室である。

このお店は、電話予約がない。先着順なのである。時間指定はできなくなるが、電話をしなくてもただ行けば髪の毛を切ってくれるのだ。革命だ。

あとの二つは、経験と対策で改善することができた。

まず鏡問題は、忙しくてあんまり寝てないアピールを序盤に振っておき、断続的に今前髪を切ってもらっているかのようにそっと目を閉じる。ここで寝たフリをしてしまうと、声を掛けられてしまう可能性もあるため、一瞬目を閉じていただけに見せるのがポイントだ。最初に寝てないアピールをすることで、何度目を閉じても不自然な感じにはなりにくい。

そして、会話問題。

地獄のような気まずさから抜け出すために編み出したのは、「自分ではない誰かになりきる」という技だった。

自分に近い年齢、職業、趣味などをその場で考え返答していく。これにより、芸人をやっていることを隠すことができる。

また、自分ではなく別人格として会話をするので、会話のトーンを変えることができ、言葉のキャッチボールがスムーズになる。あとは、カットが終わるまで嘘をつき続ければミッションコンプリートだ。

これで会話問題はなんとか乗り越えることができた。

最高のお店を見つけたことにより、髪の毛を切り続ける人生を選択することができた。

ただ、逆にもうそのお店にしか行くことができない。北千住か故郷の「恵」の二択のみ。


そのまま、早十年。

当時、シャンプーだけの担当だった新入社員の方が、今では店長クラスに出世されていたり、最初は家から二十分くらいの距離だった美容室が、僕が引っ越しを重ねたせいで、今現在北千住まで通うのに一時間掛かる。何年か前は、二時間掛かっていた。

そして、無敵かと思われた別人格作戦も、毎回いろんな人格でやり過ぎて途中で人格の設定の辻褄《つじつま》が合わなくなり、逆に気まずくなってしまった。IT関係の仕事や、福祉、フリーターなど、数ヶ月で転職をし続ける変態と思われていたかもしれない。

そのときは一旦クールダウンのため、四ヶ月くらい髪の毛を切るのを我慢した。

そして最近、美容師の方がテレビで僕を見つけ、ついに正体がバレてしまった。

最初はバレたらもう行かないほうがいいのかなと思ったが、結局あのお店しか僕にはなくて、今ではストレートに「ほしのディスコ」としてお店に行けるようになった。僕を芸能人として迎えてくださるので、とても気持ちよく通っています。

十年、二十年、そして五十年。

これからも、お世話になります。

どんなに遠くなっても二時間以内なら行きます。

それから、先日、中学までずっと髪を切ってくれていたおばさんに会うことができた。なんともう九十歳代に突入されていた。それなのにとてもお元気そうだったし、僕よりトーク力もあった。

これからも長生きしていただきたいです。

あと、最近おでこの生え際が怖くて鏡で見られません。

どうかハゲませんように。

ガム

皆さん、ガム噛《か》んでますか？

僕は毎日噛んでいます。

子供の頃、駄菓子コーナーにあった小さい箱に紫色の玉が四つ入ったグレープ味の「フーセンガム」が好きでよく噛んでいた。

このガムで、ガムを風船のように膨《ふく》らませる練習をよくしていた。

しかし、「フーセンガム」という名前なのに、四つ一気に口の中に入れてもしばらく噛むとガムが小さくなってしまい、風船のように膨らませることができなかった。

「このガムでフーセンを作ることができたら一人前のフーセン職人だ」

と、子供の頃思っていた。

他にもコーラ味のガムとか、三個入りでその中の一つがものすごく酸っぱいクエン酸混入ガムだったりするものや、いろんなガムを噛むのが好きだった。

おばあちゃんがいつも持っているガムはミント味の板状のガムで、それをよく僕にくれようとするのだが、ミントの味が子供の味覚ではマズ過ぎていつも受け取り拒否していた。今ならミント味の良さもわかる。

ガムの良さというのは、ガムを噛み始めてから味がなくなってしまうまでの僅かな時間だと思う。味がする時間が永遠に続けばいいのに……と思いながらガムを噛むが、必ず味は途中でなくなってしまう。

まるで、生きとし生けるものの宿命のような儚《はかな》さにとても魅力を感じる。ガムは芸術だ。

というか、普通に味が美味しい。

ガムを噛んで味がなくなったら、口から出して紙に包んで捨てなければいけないというような注意書きがガムのパッケージに書いてあるが、いつも捨てるのがもったいなくて口から出さずに飲み込んでいた。少しでも体の養分になってほしいと思った。

しかし、小学生だったある日友達から、

「飲み込んだガムは少しも消化されず、ずっとお腹の中に残り続け、ガムを飲み込み過ぎるとお腹がパンパンになって死んじゃうらしい」

という不気味な噂を聞いた。

めちゃめちゃ怖くなった。

それに加え、「実際に死んでしまった人が外国にいるらしい」と言われ、「外国で」という本当なのかどうなのか確かめることができない実例を出され、それを信じることになり、僕はその日からガムを飲み込むことをやめた。

それまで飲み続けてきたあまたのガムが今もずっと僕の体の養分どころか一部として残り続けていると知ったショックはデカ過ぎて、その日からしばらくの間、あと数年しか僕は生きられないのではないかと嘆いたり、なんとかお腹の中に張り付いてしまっているガムをお腹から剝《は》がして取り出したいと思い、マサイ族に入門を考えている少年かのようにジャンプをし続けたりした。

それでも、ガムを噛むことはやめなかった。


その後、歯の矯正が始まり、ガムは矯正のワイヤーに引っかかるため噛めなくなり、数年間ガムとお別れした。

あんなに好きだったガムを急に噛めなくなり、とてもつらい年月を過ごした。

その間はミンティアを食べた。

矯正が終了した後、ずっとガムを噛みたい衝動を抑え付けられていた反動なのか、その後、一心不乱にガムを噛んだ。

そして、芸人になり、生活が厳しい下積み時代。

そのつらい下積み生活を支えてくれたのは、ガムだった。

下積み生活のおかげでガムの楽しみ方がパワーアップした。

今までは味がなくなったらすぐにガムを捨てていたが、味がなくなったガムを三時間以上噛むことに成功した。味がなくなっても味があった頃の記憶で噛み続けられる想像力が培《つちか》われた。

さらに、一粒のチューインガムを三時間噛むと満腹中枢《まんぷくちゅうすう》が食事をしたと認識してお腹が満たされるという独自の研究結果により、一日三食のうち二食を抜くことにも成功した。

これは、論文さえ出せば、そのうちノーベル賞か何かに引っかかるのではと思っている。

その日々の研究により、ガムを長時間噛むことが日常化され、今でもごはんを準備するのが面倒なときや家に何も食べるものがないときはガムを噛んで過ごしたりしている。

最高で十時間噛んでいたこともある。

ガムを噛みながら寝てしまい、目覚めてまたそのままガムを噛み始めるという、日跨《ひまた》ぎ噛みという技も生まれた（危ないのでオススメはしません）。

もしかしたらもう、ずっと噛めるものであれば、ガムでなくてもいいのかもしれない。

ホルモンでも良いのかもしれないが、ホルモンはおいし過ぎてすぐ飲み込みたくなってしまいそう。

だから僕はガムが好きだ。

もちろんこの文章もガムを嚙みながら書いている。
これからもたくさん嚙んでいこうと思う。
いつまでも嚙み続けられるように、僕の歯よ、頑張れ。

マイカー

二〇二二年一月、私、星野一成、車を購入致しました！

イタリア生まれのフィアットというかわいい車があるのですが、そのメーカーのフィアットパンダという車を買うことに急になりました。

前からお金に余裕ができたら車を買いたいと思っていた。

でも、全くできなかった。お金がなさ過ぎてタクシーにも乗れないから、ほとんど電車移動でたまにタクシーに乗るとすぐに酔ってしまうくらい車は遠い存在だった。

しかしついに、高級車でなければなんとかギリギリ買えそうなくらいお金が貯まった。これもガム生活のおかげであまり食費が掛からなかったからだと思う。ガムマネーカー。

ということで、車を買おうと決めた。決めたのはいいもののどんな車を買おうか悩んだ。

まず僕は七年以上運転をしていないし、東京での運転は怖過ぎて、車は乗りたいけどできれば運転はしたくないという矛盾が生じていた。僕は車を買わないほうがいい人間なのかもしれない。

そんな人間には小さい車が向いていると思った。

そして、小さい車をいろいろ調べてみた。まず国産の車を調べたが、小さい車は軽自動車ばかりだった。軽自動車でもサイズ的には問題ないのだが、馬力が小さいものが多く、高速道路で百キロとか出すとものすごいエンジン音になってこのまま車が爆発してしまうんじゃないかという不安でいっぱいになってしまって、とても怖いのが嫌だった。

地元で車に乗っていたときの車も軽自動車で、高速に入ったとき車が爆発するという妄想に囚《とら》われて、すぐに下道に降りた思い出がある（これは個人の感想で、実際は爆発しませんのでご安心ください）。

爆発しなさそうな普通車をいろいろ調べてみた（どの車でも爆発しません）。

すると、フィアットとミニという二台の外国車のコンパクトカーに出会った。

どちらも普通車だし、僕の追い求めていた小ささで運転しやすそうな車だった。

この車を見に行ってみよう。

両方見てから良いほうを買おう。

そう決めて、休みの日に家から一番近いフィアットのお店に行ってみることにした。

お店に着いて十五分。

フィアットパンダを購入することが決まった。お値段二百四十万円也。

車ってこんなに早く決まるものなんでしょうか？

あまりのスピードに自分でもびっくりしていた。

何種類かの車を見せてもらい、最後に見せてもらったフィアットパンダを眺めているときに、お店の方が言った。

「車っていうのは、ご縁なんで」

その一言が自分の中にすっと入ってきた。

気づいたときには、契約書にサインをしていた。

なぜこんなに早く決まったのかというと他にも理由があって、本来、人が車を購入する際は、試乗というものをする。自分で運転してみてその車が自分に合っているか、好みであるかを判断する。この行程が時間を要するのだが、僕はそれをしなかった。

いや、できなかった。

ここで、七年以上運転から遠ざかっていたのが悪影響を及ぼした。

試乗はしたいけど、試乗中に事故ったらどうしよう……という気持ちが強過ぎて試乗することができなかった。フィアットのお店があるのが、環七の車通りの激しいところだったため、ペーパードライバーには厳しいコースだった。

ということで、試乗するかしないか決めきれず、困惑していたところ、神の一声、「車はご縁」という言葉に救われてその勢いで購入に至ったという訳だ。

まさか、見に行った当日に買うことになるとは思っていなかったし、十五分で決まったし、まだミニを見に行っていないし、いろいろ想定外だった。

でも、人生で一番高い買い物をしたので、その日はテンションがめちゃめちゃ高かった。マスクをしていたから誰にもバレなかったが、ずっと口元はニヤけていた。

そして、納車されるまでの間に運転の練習をしようと、ニンテンドースイッチのマリオカートの専用ハンドルを購入して、マリオカートで運転のシミュレーションを繰り返した。

その甲斐もあり、納車日には怖がりながらもなんとかお店から自宅まで自分の運転で戻ってくることができた。

ただここで問題が。

マリオカートには駐車の概念がなかった。

だから、駐車の練習ができていない。

あ、駐車無理だ……。

普通の人の三倍くらいの時間を掛けてなんとか駐車に成功した。

駐車が終わったときに思った。

もう運転したくない……。

そんなことを言っていたが、今となってはもう車なしでは生きられないほど、車に乗っている。あんなに手こずった駐車も、もともとフィアットにはバックモニターがついていないので、より駐車力が鍛えられ、きっともうこの世に駐車できない駐車場はなくなった。

ところで、何故お金が貯まったら車が欲しかったか。

それは、いつでも群馬に行けるようにするためだった。

芸人になって、年に一回は帰ったりしていたが、ここ何年かは一度も帰らない年もあった。電車で帰るとなると四時間以上もかかる。そう考えるとなかなか帰ることができない。それに電車の動いている時間でしか帰ることができない。タクシーで群馬まで行けるほど裕福でもないし。

だから、車を買おうと思った。自分の車があればいつでもどんなときでも群馬に帰れる。

やはり悔やまれるのは、お父さんが最期のときにすぐ群馬に帰れなかったこと。

そのときの自分の無力さがとても響いている。

お父さんのお墓参りもコロナになってからなかなか行けていない。

お父さんも車が大好きだった。お兄ちゃんも。そして、自分も。

いつか高級車に乗って帰って、自慢できるように頑張ろう。

カルピス

カラダにピース。

カルピスを飲むと体に平和が訪れる。

カルピスが好きだ。

カルピスを好きになったきっかけはなんだったのだろうか？　全く思い出せない。記憶にないほど自然とカルピスに出会い、カルピスを飲み、気がついたら好きな飲み物になっていた。

子供の頃はカルピスの原液を買ってもらい、家でよく飲んでいた。原液からカルピスを作るとき、少しでもカルピスを飲める回数を増やしたいという気持ちから、いつも原液を節約し過ぎてしまい味が薄いカルピスができてしまっていた。

カルピスは何にでも合う。

コンビニでおにぎりとカルピスを買って食べているとたまに、

「組み合わせ悪っ」

と言ってくる謎の人類がいるが、そんなことは全くない。カルピスの爽やかな味が食材をまろやかに包み込み、逆に食材そのものの味を際立たせてくれるのだ。

全くお金がない芸人なりたての頃に一度、熱々の白米を茶碗によそい、そこに茶碗から溢れるほどにカルピスを注ぐ、お茶漬けならぬカルピス漬けをやってみたことがある。

これは、さすがに攻め過ぎた。また食べる日が来るかはわからない。


お店で飲み物を注文するときは基本カルピス。

しかし、カルピスを置いていないお店も結構存在する。なぜメニューに入れないのか経営者のビジネスプランを疑う。

だがそんなとき、僕は嫌な顔一つせず他の飲み物を頼む。カルピスがお店になくても、そのお店に対して悪い印象を持つことはない。

なぜならカルピスを愛する者は、カルピスのピース精神があるので心が広いのである。心にピース。

さらに、お店のカルピスでも自分で作ったかのようにすごく味が薄いときがある。

この場合普通の人であれば、お店に対してクレームを言っているだろう。

しかし、カルピスを信じる者は、店員さんに声を掛けることもなく、ぐっと自分の眉間《みけん》にシワを寄せるだけである。

これは、嫌なことがあっても自己解決できる力をカルピスから授かっているおかげなのである。お店にもピース。

お酒ももちろんカルピスサワーが好きだ。

お酒を飲むときは、だいたいビールかカルピスサワーの二択。

しかし、カルピスサワーはお酒を飲む人にとって「弱いかわいいお酒」という認識があり、誰かと飲みに行きカルピスサワーを頼むとナメられてしまうことがある。

なので本当は一杯目からカルピスサワーを飲みたい日でも、一杯目はビールを頼み、相手がお酒で酔い出して意識がなくなりかけてきてからやっとカルピスサワーを注文するという、なかなか厳しい道程がある。

カルピスサワーの一番の思い出は、二〇一八年、クリープハイプの尾崎世界観さんに初めてお会いしたとき。

尾崎さんがやられていたラジオにゲストで呼んでいただいた。場所は下北沢のお酒の飲めるお店。お酒を飲みながら語るという企画だった。ずっとただのクリープハイプファンだった僕は、目の前に憧れの人がいる状態に緊張でパニックになっていた。一杯目はとりあえず生ビール。

お酒が好きな尾崎さんにお酒が弱いと思われたくない。それに加え、アルコールで緊張を紛らわさないとその場にいられなかった。

何とかビールの力も借りて、芸人としてではなくただのファンとして、面白い話やボケは一切ない普通の受け答えはできた。ファンとしては成功。芸人としては失敗。

そして、尾崎さんが違う飲み物を頼むタイミングで、僕もカルピスサワーを注文した。

「カルピスサワー好きなんですね」

と、尾崎さんは言って、

「じゃあ僕もカルピスサワーで」

尾崎さんも僕に合わせてカルピスサワーを注文してくれた。

尾崎さんと一緒にカルピスサワーを飲む。

このときのカルピスサワーが人生で一番美味しかった。

でも緊張で、味を覚えていないというか、味はあんまりしなかった。

味は薄いけど濃い思い出ができた。


それから数年後、歌を歌う生活が始まり、喉のためにお酒を飲むのをやめた。カルピスサワーも封印。

カルピスサワーをどうしても飲みたいときは、カルピスソーダで我慢している。カルピスソーダも美味しい。

しかし昨今、今でも意味がわからないほどすごいことなのだが、尾崎さんと飲みに行かせていただける日が年に数回ある。そのときだけはアルコールを解禁している。尾崎さんと飲むときだけお酒が飲める。

しかも、いつも尾崎さんがおごってくれる。

ファンとしてこの上ない幸せ。

日々、救急隊の方のような臨戦状態で尾崎さんからのお誘いを待っている。

カルピスについて詳しくなりたいと思い、『カルピスをつくった男　三島海雲』という本を購入したが、忍耐力が持たず、序章の作った男がまだ学生時代の話くらいで読むのを止めてしまった。カルピスの話はまだほとんど出てきていなかった。まだまだカルピス愛が足りないようだ。

これからもカルピスといろんな思い出を作っていきたい。

僕の地元群馬県の館林《たてばやし》に「カルピス　みらいのミュージアム」という博物館がある。そこにもいつか行ってみたい。

尾崎さん、一緒に行ってくれるかなぁ。

タバコ

タバコは体によくない。

でも、タバコってかっこいい。

子供の頃はタバコを吸っている＝大人というイメージだったので、自分も大人になったら吸わなくてはいけない、納税と同じくらい大事なものだと思っていた。

タバコを吸っているキャラクターのことを好きになりがちで『ワンピース』のサンジが好きだった。家の近くの友達と『ワンピース』のキャラ担当を決めてワンピースごっこをよくやっていた。僕はサンジ担当で、タバコが吸えないから代わりにチータラをくわえてムートンショットの練習を家でしていた。

昔はどこでもタバコが吸えたのに、時代は変わっていき、タバコを吸える場所が徐々になくなっていった。

いつしか世間的にタバコを吸っている人は煙たがられるようになった。タバコだけに。

テレビや学校の授業などでタバコによる体への悪影響を見る度にタバコは本当に良くないということを認識した。

タバコは良くないもの。

でも僕は、

「そんな良くないタバコを吸っている人ってかっこいいな」

と思ってしまった。

高校生のときに尾崎豊の「15の夜」や「卒業」を聴き過ぎた影響で、校舎裏でタバコを吸うのもかっこいいと思った。

でも体に悪いのは普通に嫌だし、法とかルールはしっかり守りたいタイプだったから吸うことはなかった。

不良ごっこは一番オーソドックスな腰パンだけで十分に満足できた。普段はちゃんと制服を着るキャラとしてクラスでは通っていたので、腰パンしているのをクラスの人に見られると恥ずかしいから、登下校のときと部活のときだけズボンをずらした。

そして二十歳になった。

前にも書いたように、二十歳になった瞬間、念願のタバコを吸ってみた。コンビニでタバコを買うとき、銘柄とか全くわからなかったから好きな数字「十五」番のタバコを選んだ。

全然上手く吸えなかった。

タバコに火をつけて勢いよく吸ってもすぐに火が消えてしまった。煙も全く吐けない。体内に入った煙はどこにいってしまったのか心配になった。もしかすると、病気が原因で昔ストローで上手く息を吹けなかったようにタバコも苦手なのかもしれない。

そのタバコは一箱吸い終わることはなく挫折して捨てた。

もうタバコを吸うことはないと思った。

その後、二十一歳のときに付き合った彼女がとても美味しそうにタバコを吸っていた。彼女が吸っていたのがメンソールのタバコで、口を付けるところを噛むとメンソールが強くなるタバコだった。あの噛むときの「カッ」という音がかっこよかった。

僕は吸わないけど、彼女はタバコを吸う。彼女が喫煙所に行くときは僕も一緒についていった。僕にとって喫煙所は「カッ」を聞きに行くための場所だった。

そして、彼女との別れ。もうあの「カッ」は聞けなくなった。彼女のために買って置いていたライターだけがたくさん家に残っていた。

彼女と別れた後に、マセキ芸能社に入ることができた。

マセキの先輩方は本当に優しくて、今までよりもお笑いが好きになった。

先輩たちはタバコを吸う人が多かった。きしたかのの岸さん、おべんとばこさんとは住んでいる方面が同じでライブがない日もよく一緒にいた。二人とも喫煙者だ。

僕の家に来てもらうことが多くて、僕の家でタバコを吸うとき、先輩たちは壁がヤニで黄色くならないようにベランダでタバコを吸ってくれていた。

冬はとても冷えるので、先輩にベランダで吸ってもらうのは悪いと思って、部屋の中でもタバコを吸ってもいいことにした。付き合っていた彼女にはいつもベランダで吸ってもらっていたけれど。

でも先輩たちは優しいので、変わらずベランダで吸ってくれていた。

先輩たちがタバコを吸うから自分もタバコをまた吸ってみようと再チャレンジした。

やっぱり上手く吸えない。でも練習を重ねてタバコの火は消えなくなった。

だから、僕はタバコの吸い方を忘れないために、月に一本だけタバコを吸うことにした。

その一本は、めちゃめちゃ落ち込んだ日に吸うことにした。できれば月末にその月の総括を兼ねて吸いたかった。

でも、事務所ライブが月初めにあって、だいたいライブで上手くいかなくて、すぐ吸ってしまっていた。事務所ライブの日程を月末に変えてほしかった。

結局月一本だと途中でタバコの賞味期限がきてしまい、吸い切れずに捨てることになった。

タバコを吸うのはこれでやめた。

今となっては、タバコは歌に大切な喉によくないので、本当にやめていてよかった。

でも唯一タバコを吸う日がある。父のお墓参りに行くときに、父の好きだったアサヒスーパードライとラッキーストライクを買っていく。

父のお墓の前で、火すらまともにつけられやしないタバコに頑張って火をつけ、父と一緒に吸っている。

タールの高いラッキーストライクはタバコ初心者にはキツイ。

次はアイコスに変えようかな。

あとがき

『星屑物語』の読了、お疲れ様でございました。

僕に興味のない方にとってはとても苦痛な時間だったかもしれません。貴重なお時間をこの本に費やしてくださってありがとうございました。さらにあなたは、このあとがきまでちゃんと読んでくださっているなんて。

あなた様は本当に忍耐強く優しい素敵な人間性をお持ちのお方なのですね。お友達になりたいです。

今回このような重苦しい内容の本を出版させていただいたのですが、本来はもっと芸人として売れてから本を出したほうが良かったのかもしれないです。

でも、このタイミングで出版のチャンスをいただけたことが本当に嬉しくて今回出版に至りました。もしかしたら、この先芸人としてこれ以上売れることはないかもしれないし、それどころか消えてしまうかもしれないので、逆に今のうちに出せてよかったのかもしれません。この本を出版させてくれた文藝春秋さん、素敵な絵を描いてくださった楓真知子さん、そして、この『星屑物語』のためにずっと動いてくれたマセキの木村さん、僕の夢を叶えてくださって本当にありがとうございます。

この本が売れることがその恩返しになるのかもしれないのですが、売れそうな自信は実のところありません……。申し訳ございません。歌のときのようにまたパンサー向井さんが拡散してくださることをただ願っております。

この本を書いたことで今後のお笑いの活動に支障が出たり、お前よりもつらい人なんていっぱいいるのに自分を悲劇のヒロインみたいにするなというようなご意見や、批難などもあるかと思います。病気について公表するかどうか、とても悩みました。

それでも、自分の本を書きたいと思った幼い頃の目標を達成したいと思いました。自分としてはこの本を書けたことに満足しています。

この本を読んで何か学ぶことはあったか不安ではありますが、少しでも何かを感じ取ってもらえたら嬉しいです。返金はできませんので……。

小さくても少しずつでも中途半端であっても、夢を持ち続けていたらいつかは何かしらの形で報われる、そう信じて今までやってきました。

あなた様も、先々つらいことがあるかと思いますが、頑張らなくてもいいので、夢を持って生活していってみてはいかがでしょうか。僕もきっといつかは、友達が自然にできるって信じています。

歌詞引用一覧

「世界に一つだけの花」作詞・作曲：槇原敬之

「TOMORROW」作詞：岡本真夜、真名杏樹　作曲：岡本真夜

「SPINNING TOE-HOLD」作詞：原田泰造、堀内健　作曲：竹田和夫、樋口昌之

「ポリリズム」作詞・作曲：中田ヤスタカ

「二十九、三十」作詞・作曲：尾崎世界観

「星の降る夜に」作詞・作曲：寺岡呼人

「ドライフラワー」作詞・作曲：優里

「Lifetime Respect」作詞・作曲：三木道三

本書は、マセキライブサークル（マセキ芸能社会員制サイト）連載「星屑物語」（2020年11月12日〜2023年1月19日）を大幅に加筆・修正し、書き下ろしを加えたものです。

ほしのディスコ

本名・星野一成（ほしの かずなり）。1989年群馬県生まれ。

マセキ芸能社所属のお笑い芸人。

2014年あいなぷぅと、男女コンビ「パーパー」を結成。

キングオブコント2017およびR-1ぐらんぷり2020のファイナリスト。

星《ほし》屑《くず》物《もの》語《がたり》

2023年4月30日　第1刷発行

著　者　ほしのディスコ

発行者　鳥山 靖

発行所　株式会社　文藝春秋

〒102-8008　東京都千代田区紀尾井町3-23

☎03-3265-1211

印刷・製本　大日本印刷

DTP　エヴリ・シンク

　ISBN978-4-16-391693-4
Printed in Japan